기록이
상처를
위로한다

호모아키비스트, 기록하는 사람들

기록이 상처를 위로한다

호모아키비스트, 기록하는 사람들

초판 1쇄 인쇄	2015년 11월 16일
초판 1쇄 발행	2015년 11월 23일

지은이	안정희

발행처	이야기나무
발행인/편집인	김상아
아트디렉터	박기영
출판팀장	오성훈
기획/편집	박선정, 김정예
홍보/마케팅	한소라, 윤해민
디자인	송민선
인쇄	중앙P&L
등록번호	제25100-2011-304호
등록일자	2011년 10월 20일

주소	서울시 마포구 양화로 10길 50 마이빌딩 5층 (121-840)
전화	02-3142-0588
팩스	02-334-1588
이메일	book@bombaram.net
홈페이지	www.yiyaginamu.net
페이스북	www.facebook.com/yiyaginamu
블로그	blog.naver.com/yiyaginamu

ISBN	979-11-85860-10-7
값	14,000원

이 도서의 국립중앙도서관 출판예정도서목록(CIP)은 서지정보유통지원시스템 홈페이지(http://seoji.nl.go.kr)
와 국가자료공동목록시스템(http://www.nl.go.kr/kolisnet)에서 이용하실 수 있습니다.
(CIP제어번호 : CIP2015029091)

기록이
상처를
위로한다

호모아키비스트, 기록하는 사람들

안정희 지음

이야기나무

기록이 상처를 위로한다

상처라는 패인 홈을 기록으로 채우다

새로운 종류의 아키비스트가 탄생했다. 한국에서는 아직 낯설지만 아키비스트는 사서, 큐레이터처럼 전문 직종에 속하는 직업이다. 이 직업이 한국에 본격적으로 도입된 것은 1999년에 제정된 공공기록물관리법이 있었기 때문이다. 이 법률에 따라 700여 개 공공기관에 '기록물관리전문요원(아키비스트)'이 배치되기 시작했고 자연스럽게 전문인력을 양성하기 위해 대학원에 기록학 과정이 개설되었다. 15년이 지난 현재는 전국적으로 약 16개 대학에서 과정을 운영하고, 대학, 공공기관, 협동조합, 시민단체, 기업 등을 중심으로 몇천 명이 기록전문가로 활동하고 있다.

그러나 아직은 아키비스트라는 직업이 우리에게 잘 알려지지 않은 것이 현실이다. 이 책을 읽으면서 일상에서도 아키비스트가 활동하고 있다는 것을 알 수 있었다. 기록물을 직업적으로 다루는 아키비스트는 아니지만 기록하는 자의 시선으로 일상을 말하는 아키비스트가 생겼다는 것은 참 고무적이다.

새로운 종류의 아키비스트는 다음과 같이 몇 가지 인상적인 접근을 하고 있다.

첫째, 문학을 새롭게 조명했다. 좁은 의미의 문학이 전문작가가 쓴 글이라면 넓은 의미의 문학은 일반인이 쓴 글까지 포함할 수 있다. 이 책에 소개된 어느 시민 아키비스트의 말처럼 우리에게는 모두 작가 본능이 있기 때문이다.

둘째, 기록 행위의 공공적 가치를 잘 짚었다. 공공기관의 공문서만이 공공적 가치를 지닌 것은 아니다. 이 책은 우리가 일상에서 수행하는 기록 행위도 공공적 가치가 있다는 점과 그래서 우리가 무엇을 기록하든 사회적으로 주목받을 만한 가치가 있음을 알려준다.

셋째, 기록관(아카이브로 불리며, 기록물을 전문적으로 관리하는 곳이다)의 활용적 가치를 잘 짚었다. 이 책에는 도서관이나 박물관, 미술관처럼 기록관을 일상으로 초대하자는 저자의 애정 어린 프러포즈가 담겨 있다. 잘 설명된 국내외 유용한 아카이브 사례를 읽다 보면 책에 소개된 기록관들을 방문하고 싶어질 것이다. 민주화운동의 역사를 알고 싶으면 '민주화운동기념사업회 사료관', 세월호 참사를 보려면 안산에 있는 '416 기억저장소', 대통령 기록물을 보고 싶으면 '대통령기록관', 한국 정부의 기록물을 보고 싶으면 '국가기록원'에 가면 된다. 각지에는 마을도서관 역할을 하는 작은 도서관이 많다. 이런 곳은 마을기록과 마을 사람들의 일상기록을 관리한다. 주변에 그런 곳이 있으면 찾아볼 일이다.

조선 시대에는 사관이 있었다. 왕과 대소신료가 모인 조정의 한켠에 앉아서 빠짐없이 기록해서 『조선왕조실록朝鮮王朝實錄』이라는 위대한 기록유산을 남겼다. 요즘은 공공기관에 배치된 기록물관리전문요원이 성부 기록을 잘 관리하고 있다. 그러나 이들이 아무리 유능한들 모든 일상을 기록할 수 없고 누구나 독특한 의미를 지닌 개개인을 기록할 수는 없을 것이다. 『조선왕조실록』을 만든 사관은 백성의 목소리를 기록하지 못했고 현재 공공기관 기록종사자는 공무원을 기록할 수는 있어도 시민을 기록할 수는 없다. 이 책에 등장한 새로운 종류의 아키비스트는 '그렇다면, 직접 해 보자'고 우리에게 권한다. 혼자 다 할 수 없으니 서로 연대하여 해 보자며 격려한다.

이 책에는 기록을 이해할 수 있는 뛰어난 관점과 유용한 정보가 많다. 기록관리를 직업으로 삼고 있는 사람, 일상을 자기 시선으로 기록하고 싶은 사람, 상처라는 패인 홈을 기록으로 보듬고 싶은 사람은 우선 새로운 종류의 아카비스트가 될 일이다.

-이영남(기록전문가, 한신대 초빙교수)

불멸을 꿈꾸며 기록을 남기다

우리 사회는 지금 쓰는 중이다. 대학의 '인문학적 글쓰기', 시니어센터의 '자서전 쓰기', 평생교육센터의 '일상의 글쓰기', 대학입시학원과 취업 준비생의 '자기소개서 쓰기' 등 여러 가지 종류의 글쓰기 모임마다 사람들이 북적인다. 출판사를 거치지 않고 자신의 이야기를 직접 출간하는 독립출간물이 쏟아지고 있으며 소셜 네트워크에 요리, 서평, 육아, 여행 등에 관한 글을 꾸준히 올려 단행본 독자에 못지않은 팔로워를 거느린 이들도 많다. 왜 쓰는지 묻지 않을 수 없다.

시니어센터에서 자서전을 쓰는 할아버지는 "인간은 누구나 종국에는 작가를 꿈꾼다."라고 대답하셨다. 인간, 기록으로 영원을 꿈꾸는가! 이 책은 인간이 기록을 통해 궁극적으로 얻으려는 것이 무엇인가에 대한 궁금증으로 출발했다.

지금, 보통 사람들의 아카이브가 필요하다

스페인 북부에서 발견된 동굴 벽화의 그림이 4만800년 전에 그려졌다고 하니 인류의 기록 행위는 탄생 초기부터 시작되었다고 해야겠다. 다만 오늘날 컴퓨터, 휴대전화, 아이패드 등 디지털 기기의 개발과 다양한 매체의 발달 덕분에 널리 알려지고 대중화되었다 하겠다. 기록물의 형태 또한 다양해져 문서, 사진, 그림 등은 말할 것도 없고 음원, 동영상, 댓글 등의 자료가 쏟아진다. 누구나 자신에게 알맞은 방법으로 생각과 활동을 기록할 수 있는 환경이 구축되었다.

쓰는 사람이 증가하고 양이 많아지자 기록물의 수집과 분류, 관리 및 폐기가 중요한 의미를 지니게 되었다. 원래 아카이브Archive는 '정부의 기록' 혹은 '공문서'의 의미였다가 지금은 '기록'이나 '기록물을 보관하는 장소'라는 뜻으로 사용한다. 특정 계급이나 기관만이 기록을 생산하지 않고 누구든, 어디서든 기록할 수 있는 시대가 도래했으니 우리네 삶의 일상을 담은 기록물이 지니는 가치를 돌아보고 기록물의 내용과 성격에 따른 관리, 폐기와 공유 방법에 대해 이야기를 할 때다. 공문서와는 다른 아카이브가 필요하다. 하지만 이 책은 아카이브 방법론을 다루지는 않는다. 다만 기록하는 풍경을 스케치하며 듣고 모았다. 사람들의 삶으로 들어가 왜 쓰는지 그 까닭을 묻고, 흘러나오는 이야기에 귀를 기울이자 고유한 기록물의 관리 방법들이 그 안에서 저절로 만들어졌기 때문이다.

기록하고 기록물을 살피는 행위는 자신을 만드는 과정이다. 기록하다 보면 결국 자신의 이야기를 하게 된다. 기록은 살아가는 목적이자 방법이며 생을 마무리하는 동시에 불멸을 꿈꾸는 가장 오래된 이야기다.

모든 기록물은 공공성을 지닌다

이 책은 보통 사람들의 기록물이 지닌 공공성에 주목한다. 오롯이 사적인 글쓰기는 불가능하다. 온전한 내 생각도 다른 사람과 사회, 역사로부터 영향을 받아 생성된 '공유된 기억과 경험'에서 비롯된다. 사고의 가장 근본적인 틀인 언어는 사회적 약속으로 인간의 생각과 활동은 언어를 기반으로 이루어진다. 개인의 독자성은 사람들과 더불어 엮이며 사회로 흘러나왔다가 다시 자신만의 창의적인 생각과 행동을 잉태한다. 국가 주도로 작성된 기록물이 아닌 민간 아카이브의 중요성과 필요성에 대해 이야기하면서 한편으로 개인의 기록물이 지닌 공공성에 주목하는 까닭은 기록이야말로 우리의 '공유 기억'을 만드는 토대이기 때문이다.

자신의 경험을 기록하고 공유하는 행위는 사회적으로 중요한 공유의 틀을 만들어 사람들이 더 나은 미래와 인류의 삶을 꿈꾸도록 돕는다. 이를 기록의 확장성이라 하겠다. 이렇듯 기록의 공공성과 확장성에 주목하다 보니 기록의 보관과 폐기를 결정하는 기준에서도 사회적 의미를 살피게 된다.

개인의 사적인 글쓰기와 그 기록물이 지니는 사회적 의미를 밝히고 공공기록물로 인지, 공유, 활용할 방법을 꾀한다면 개인을 넘어 더불어 살아가는 '인류'가 될 것이다. 누구나 저만의 방법으로 자유롭고 다양하게 글을 쓰지만 '더불어' 인류가 되는 일은 또 다르다. 광장에서 기록물을 펼치면 사라질 기록과 남겨야 할 기록에 대해 나눌 이야기가 많아진다. 디지털 시대에 아날로그적 돌아보기, 보통 사람들의 느린 아카이브를 제안한다. 우리는 그동안 빨리, 그리고 많이 생산하느라 지속힐 수 없는 미래를 만들었다.

아카이브는 삶의 속도를 늦추고 경쟁을 멈추고 함께 돌아보게 한다. 기록물들을 수집하고 분류하고 그 보존과 폐기를 결정하면서 개인으로서의 나와 사회적 인간인 나, 그리고 내가 사는 세상을 본다. 부분적인 쓰기 행위와 그로 인한 결과물들을 전체적인 맥락에서 파악하게 된다. 이런 과정을 통해 내가 어디에서 비롯되었고 어디로 가고 있는가, 누구와 함께하고 있는가, 무엇을 추구하는가, 앞으로는 어떻게 살고 싶은가에 대한 답이 저절로 구해진다. 아카이브는 나의 성장과 시대적 흐름을 한 타래로 엮는 일이다. 보통 사람들의 기록물에 공공성을 살피는 일은 개인에게서 인류를 발견하는 일이다. 인류를 만드는 일이다.

기록이 내는 저마다의 소리에 귀를 기울이다

메모리카드의 용량이 아무리 커도 기록하는 모든 것을 보관할 수는 없다. 생산량이 많을수록 관리가 중요하다. 잘 분류되지 않은 채 쌓아 놓기만 한 자료는 없는 것과 마찬가지이기 때문이다. 선택과 폐기, 분류가 필요하다. 보통 사람들의 아카이브는 쓰는 사람과 기록물을 관리하는 아키비스트가 같다. 우리는 '쓰는 나'와 '관리하는 나'를 구분해야 한다. 아키비스트가 되어야 한다. 기록물에는 저마다 소리가 있다. 그 터져 나오는 목소리들 사이에서 어떤 것을 취하

일제강점기 당시 모습을 보존하고 있는 인천의 팟알 카페

고 어떤 것을 버릴 것인가? 아키비스트는 기록물로부터 거리감을 확보하며 자신만의 이야기를 만들어야 한다. 기록물을 생산하는 제1의 나도 아니요, 기록물을 살피는 제2의 나도 아니요, 주관성과 공공성을 동시에 쟁취한 '제3의 나'가 된다.

기록을 일상의 문화공간으로 끌어오는 '기록문화 생태계'

이 책에서 다루는 또 하나의 주제는 기록물의 활용이다. 역사관이나 박물관의 기록물이 아무리 쌓여도 사람들이 읽지 않으면 아무것도 쓰이지 않은 것과 같다. 기록물이 생활공간에서 일상으로 사람들과 만나야 스스로 소리를 만들어내며 그 울림이 멀리 간다. 오랜 시간에 걸쳐 구축한 기록문화를 셜록 홈스 박물관, 비틀스 애비로드, 네스 호 박물관, 전통민박집 B&B 등의 공간에 전시하고 생활용품으로 디자인하여 국내외에 수출하는 영국의 사례를 통해 '기록문화 생태계' 조성과 기록물을 어떻게 활용할 수 있을지에 대해 가늠하고자 한다. 또한 인천의 팟알 카페와 포천 재인폭포상회 프로젝트, 언니네 텃밭의 씨앗 아카이브에서 우리네 삶의 풍토에 필요하고 알맞은 기록문화와 일상적 향유의 가능성을 살핀다. '기록문화 생태계'를 만들면 생산하고 수집한 자료들을 만날 수 있는 다양한 공간을 창조하고 이를 기반으로 지속 가능한 발전을 꾀할 수 있다. '기록문화 생태계' 꾸리기는 문화 다양성을 얻는 가장 근본적인 활동이다.

스토리텔링 아카이브, 가장 오래된 기억 전승 방법

마지막으로 아카이브의 구축 형태를 살핀다. 첫머리에서 인간은 불멸을 꿈꾸며 기록을 남긴다 했다. 이때 불멸은 개별적인 인간의 불로장생이 아니다. 인간은 결국 죽는다. 전 생애에 걸쳐 축적한 기억과 경험이 다음 세대에게 전승된다. 개별적인 인간은 소멸하되 기록하는 인류는 미래를 꿈꾼다. 수만 년 동안 단 한 번의 쉼 없이 기록하는 이유다.

그렇다면 기록을 가장 잘 전달하는 방법은 무엇이었을까? 이야기로 들려주는 아카이브를 상상한다. 인류는 생존의 키워드를 이야기에 심었다. 가장 오래되었으나 미래적이며 근본적이나 가장 쉬운 이야기 들려주기 방법은 아카이브에 생기를 불어넣어 흥미를 유발하고 삶 속으로 가까이 들어오게 할 것이다.

기록은 목소리를 가져야 하고 그 소리에는 '언제, 어디서, 누가, 무엇을, 왜, 어떻게' 했는가에 대한 이야기가 담겨야 한다. 아카이브란 결국 사람들의 이야기를 담은 기억저장소이기 때문이다.

1부

지금 아카이브를
말하는 이유

이 책은 기록하려는 인간, 그 기록을 수집하려는 인간, 수집된 기록을 재해석해서 다른 것을 창조하려는 인간에 대한 이야기다. 또한 아버지로부터 어떤 기록을 물려받았는지를 살아 있는 동안 되새김질하는 자식의 이야기이기도 하다. 아카이브는 멀게는 앞세대가 다음 세대에게 물려줄 기록이며 가깝게는 부모가 자식에게 물려주는 '말'이기 때문이다.

1. 스토리텔링의 시대

자신의 이야기를 만들 수 있는가?

이야기의 시작은 아버지로부터

라임 레지스는 영국 남부 도셋 주에 있는 해안 마을이다. 해안가에 석회 절벽이 잘 발달되어 있는데, 풍광이 아름답고 기후도 따스해서 일찍부터 휴양지로 각광을 받았다. 1800년대 이 마을에 메리 에닝Mary Anning이라는 소녀가 살았다. 마을 사람들은 석회 절벽에서 떨어져 나가 해변 여기저기에 흩어져 있는 중생대 해양 파충류 화석을 팔아 부수입을 올리곤 했다. 메리의 아버지 리처드도 바닷가에 놀러

온 사람들이 기념으로 여길 만한 기이하거나 예쁜 돌을 파는 작은 가게를 운영했다. 그녀는 아버지에게 화석 손질법을 배워 살림을 도왔다. 생계를 위해 하는 일이었지만 무엇보다도 해변에서 돌을 발굴하고 수집하는 일이 좋았다.

1811년 12살이었던 그녀는 해안 절벽에서 기린 같기도 하고 악어 같기도 한 거대한 동물 화석을 발견했다. 바다 공룡 이크티오사우루스Ichthyosaurus가 최초로 모습을 드러낸 역사적인 순간이었다. 당시 과학자들은 진화론의 근거를 찾고 있었고, 그녀의 발견은 인류 이전에 사라진 거대한 생물체를 '공룡'으로 명명하기 전에 일어난 일이었다. 로버트 헉슬리Robert Huxley의 『위대한 박물학자The Great Naturalists』에 따르면 메리가 공룡 화석을 발견한 이후 공룡 연구는 눈부신 발전을 거두었다.

왜 느닷없이 메리 에닝이 발견한 화석 이야기를 늘어놓는가? 인류는 탄생 이래로 기록을 남겼다. 그림에서부터 조각, 두루마리 문서, 건축, 책 등 형태는 다양하다. 그러나 인류에게 일어났던 모든 일이 기록으로 남은 것은 아니다. 사회문화적 가치에 따라 폐기되거나, 자연재해로 한순간에 사라지거나, 보존 기술의 미비로 시간의 무게를 견디지 못하고 서서히 소멸하기 때문이다. 역사란 이러한 남은 기록들을 재구성하고 재해석하는 일이다. 역사는 사료를 근거로 과거를 가늠하고, 사료를 찾는 일은 화석을 발견하는 일과 같다. 이것이 뜬금없이 메리 에닝이 발견한 화석 이야기를 하는 이유다.

눈앞에 낯설고 큰 화석 파편이 있다고 하자. 이 화석이 "악어도 아니고 기린도 아니고 큰 도마뱀도 아니다."라고 말할 수는 있다. 그러나 '○○이다'라고 규정하는 일은 간단치 않다. 일단 지금까지 지구에서 발견된 모든 생명체와 비교해야 한다. (이때 모든 생명체는 기껏해야 인간이 아는 범위 내에서다) 파충류인지 포유류인지 조류인지 이도 저도 아닌지 살피는 일만 해도 방대하다. 그런데 그 화석이 인류가 탄생하기 전에 살다가 멸종해서 한 번도 본 적이 없는 생명체라면 보통 일이 아니다.

인류의 기원을 밝히고자 그림자를 추적하는 일은 지구의 모든 흔적을 탐구하는 일이다. 대부분은 인류의 기원보다 훨씬 오래전에 살았던 생물의 과거와 오늘날 생명체의 흔적이 공존한다. 발견한 화석이 현존하는 생물체가 아님을 밝혀내는 일도 새로 발견한 이 생명체를 어떤 종으로 할 것인가를 결정하는 일도 예삿일이 아니다. 우리가 살면서 늘 보는 물고기나 나뭇잎 화석과는 전혀 다른 문제다. 지금은 누구나 공룡이라는 생물체를 알지만 처음 공룡의 흔적을 발견했을 때는 충격 그 자체였을 것이다. 사람들은 어떻게 뼛조각만으로 한 번도 본 적 없는 생물을 형상화했을까?

공룡 화석 파편을 처음 발견한 인류학자들은 화석 조각을 수없이 맞추면서 어떤 생명체를 상상했을 것이다. 지금은 목뼈로 추정되는 뼈를 꼬리 부분에 맞춰봤을 수도 있다. 주변에서 흔히 보는 생명체와 다르다는 것은 분명하지만, 그 생명체의 고유한 특징을 규명하는 일은 쉽지 않았을 것이다. 생물 종의 정체성이 잘 드러나도록 명명하고 같은 종에 해당하는 것들을 모아 동일 그룹으로 묶는 일 또한 보통 일이 아닐 것이다.

화석 표본을 조립하는 일과 아카이브를 구축하는 일은 닮았다. 각각 다른 시공간에서 같은 기록을 들고 있다. 공룡학자들은 공룡의 부분으로 전체를 어림잡아 분류하고 형상화해야 한다. 그 가운데 섞여 있는 다른 동물의 흔적도 가려내야 한다. '새로운 생물체'의 형상을 떠올리며 파편들을 수집하고 조립하고 '공룡'이라 명명하여 그 특징을 규정하기까지 얼마나 긴 시간이 걸렸을까? 그녀는 세계 최초로 어룡을 발견한 이후 자신의 삶을 공룡 화석을 찾아 분류하는 일에 바쳤다. 어지간한 박물학자도 흉내 내기 어려울 만큼 남들이 보지 못하는 것을 볼 줄 알았고 일단 화석이 묻힌 곳을 알아내면 손상되지 않도록 발굴해냈다. 화석 표본 조립에는 더욱 엄청난 능력을 발휘했다. 『The History of Lyme Regis라임레지스의 역사 -저자 역』의 저자 조지 로버츠George Roberts는 그녀의 능력에 대해 이렇게 썼다.

> "'이 동물이 무엇이다'라고 추론하는 판단력은 물론이고
> 화석 뼈를 발굴하고 조립하는 기술을 숙달했다."

흩어져 있는 수많은 자료를 모은 다음 분류하고 다시 종합하는 작업은 몹시 지루하고 기약 없는 일이다. 그것이 나와 내 가족에 관한 기록이 아니라면 더욱더 그러하다. 훗날 누군가가 재해석하고 재창조하기를 염원하는 마음과 기록을 생산한 이들의 마음을 헤아리

는 노력이 없다면 지속하기 어려운 일이다. 아카이브를 배운 지 얼마 되지 않아 도서관의 자료들을 분류하려고 백 개가 넘는 박스를 열었을 때 종잡을 수 없고 의미 없어 보이는 종이 문서들을 불사르고 싶었다. 이때 메리 에닝의 화석 이야기가 소방수 역할을 해 주었다. 그녀의 이야기는 기록을 수집, 관리, 폐기하는 아카이브 작업이 인류에게서 무엇을 전승받을지에 대한 이야기이자 가깝게는 부모에게 무엇을 물려받았는지에 대한 이야기임을 알게 했다.

1811년부터 1830년까지 셀 수 없이 많은 화석이 그녀의 눈과 손을 거쳐 세상에 모습을 드러냈지만 그 어느 화석에도 발견자 메리의 이름은 없었다. 당대 과학자들은 그녀가 발견한 화석으로 공룡의 실체를 파악하고 부와 명예를 얻었지만 그녀에게 공을 돌린 이는 없었다. 그녀가 '가난하고 배우지 못한 여성'이었기 때문이다. 다행히 메리는 이런 일에 연연하지 않았다.

역사란 앞세대가 다음 세대에게 반드시 전달해야 할 기록이다. 인간은 다른 생명체와 달리 DNA(유전자) 밖에 기록을 남긴다. 인간에게는 생존본능 외에 문화전승의 본성이 있다. 넓게는 사회문화를 전승하는 것에서부터 좁게는 자신이 이룬 것을 자식에게 물려주는 일이다. 사람마다 전승하려는 대상이 다르고 물려주려는 바가 구체적이지 않을 수도 있다. 인지하지 못한 채 물려주는 경우도 있다.

메리의 고향 마을 해변에는 돌이 많았다. 아버지는 그녀에게 화석 손질법을 가르쳐주었다. 그렇다면 그녀 스스로 익힌 것은 무엇이었을까? 우리는 부모로부터 무엇을 배우는가? 부모는 우리에게 무엇을 가르쳐주려 했나? 화석이 시간과 자연의 흐름에 따라 자연스럽게 생성되고 소멸하는 것과 달리 아카이브는 목적의식을 갖고 자료의 수집, 분류, 보존, 폐기를 결정한다. 무엇을 어떻게 전승할지를 의식적으로 선택하는 셈이다.

그러나 세대 간 전승은 목적의식만으로 진행되는 것이 아니기에 무엇이 전승되었는지가 명료하지 않다. 메리 에닝의 아버지 리처드는 1700년대 사람이고 나의 아버지는 1933년에 태어나셨다. 리처드는 영국 바닷가 출생이고 아버지는 포항 바다 부두 노동자셨다. 두 사람은 살았던 시대와 나라는 다르지만 화석에 몰두했다는 점에서 닮았다. 포항 지역은 신생대에 간빙기와 빙하기를 겪으며 육지였다가 바다이기를 되풀이했다. 어느 야산에 가도 나뭇잎 화석이나 물고기 화석 천지였다. 초등학교 때 남자 형제들과 산비탈을 쭈욱 내려오며 노는 산타기를 즐겼는데 떡돌(셰일 혹은 이암)이라 부르던 화석들을 발견하고는 했다. 큰 물고기나 조개 화석을 발견하면 횡재했다며 마루 밑에 보물처럼 보관했다. 마당에 죽 펼쳐놓고 어느 화석이 제일 멋있는지 견주기도 했다.

바닷가 근처가 아닌 깊은 산 중턱에서 물고기 화석을 발견하는 일은 정말 신기했다. '산에서 왜 조개 같은 바다 생물체의 흔적이 발견되는가?'라는 내용으로 아버지와 나는 며칠 동안 이야기를 나누었다. 그곳이 아주 오랜 옛날 바다였을 수도 있다고 생각하면 가슴이 두근거렸다. 아버지는 자신이 어렸을 적에도 여기는 산이었고, 할아버지가 살아계실 때까지만 해도 그러했노라고, 그때까지는 틀림없이 산이었다고 말씀하셨다. 우리가 발견한 조개 화석이 얼마나 오래전에 살던 조개의 것인지 알게 되었다면 믿지 않으셨을 것이다. 누군들 지구 생명의 역사가 그렇게 오래되었을 거라 짐작했겠는가?

어느 날 TV에서 공룡 화석을 발견했다는 뉴스가 나왔다. 마침 저녁밥을 먹고 있었는데 그놈의 공룡 때문에 밥상이 엎어졌다. 뉴스에서 법석을 떨수록 아버지는 삐딱하게 구셨다. 그리고 몇 번이나 우리에게 물었다.

"도대체 저 공룡이 무엇이냐?"

사춘기에 진입한 삼 형제의 눈에 아버지는 대화를 나눌 상대가 아니었다. 매사가 시큰둥한 자식들에게 뾰족한 대답이 나오지 않자 아버지는 조금씩 화를 내기 시작했다. 솔직하게 털어놓자면 당시 우리는 공룡이 무엇인지 잘 몰랐다. 그저 '아는 척'하고 있었다. 그러면서 당연한 일을 캐묻는다는 듯 아버지에게 오히려 화를 냈다.

"아버지는 과학자들을 뭐로 보고, 꼭 아버지 눈으로 봐야 그 사람들 말을 믿으시겠어요? 과학자들이 다 이유가 있으니까…."

대답이 채 끝나기도 전에 밥상이 날아왔다.

"배우면 좀 다를 줄 알았더니, 완전히 헛배웠구나! 과학자들이 그렇다고 하면 그대로 믿는 것이 배우는 것이냐? 내 돈이 아깝다. 밤잠 안 자면서 벌어서 너희 학교 보내는 재미로 사는데 그 딴 신통찮은 것들을 지금 배웠다고 큰소리치는 것을 보니 애저녁에 글러 처먹었다."

두 번째 논쟁은 그해 여름에 일어났다. 이번에는 별이 문제였다. 저녁 식사 후 옥상에 있는 넓은 평상에 앉아 밤하늘에 가득한 별을 보며 수박을 먹던 중 상이 엎어졌다. 그날따라 유난히 별이 아름다웠는데 아버지께서는 호기심 가득한 눈으로 별을 보시다가 그저 지나가듯 툭 하고 물으셨다.

"별은 어떻게 반짝이냐?"

"태양 빛을 받아서… 우주의 별들은 모두 태양 빛을 받아서 반짝인대요."

"별은 스스로 빛을 내지 못하고 태양만 빛을 내는데…"

과학 시간에 배운 별의 밝기에 대해 설명했다. 별에도 생성주기가 있고, 너무 멀리 있어서 빛이 여기 도달하면 우리가 지금 보고 있는 별이 지금은 사라졌을 수도 있다는 등 수업 시간에 들은 말을 외우듯이 읊었다.

"그렇게 멀리 있는 불빛을 어떻게 지금 우리가 본다는 말이냐?"

"그러니까 별이 엄청 크고, 거리는 엄청 먼데…"

"엄청나게 크고 엄청나게 멀리 있다는 말은 알겠다. 내가 걸어서 평생을 가도 안 닿는 그런 거리라는 거잖아. 저 무거운 별들이 하늘 위에 있는데 우리한테로 쏟아지지도 않고 그렇다고 해서 벽에 붙어 있는 것도 아니다, 뭐 그런 소리냐? 그렇게 멀리 떨어진 거리에 있는데 우리는 저 빛을 어떻게 볼 수 있지? 전기 불빛도 아니고? 태양 한 개가 저 많은 별에 빛을 준다는 거냐?"

"…"

"간단하게 네가 아는 말로 해 봐라! 우리랑 그렇게 멀리 떨어져 있다는 저 별이 어떻게 태양 빛을 받아서 반짝인다는 말이냐? 그것도 밤에만!"

"…."

당시 중학생이던 나는 칼 세이건Carl Edward Sagan의 『코스모스 Cosmos』를 열심히 읽었는데 내용을 이해했다기보다 심오해 보이는 그 책에 취해 있었다. 그리고는 우주에 대해 다 아는 듯 굴었다. 학교 친구들 앞에서는 썩 괜찮았는데 아버지가 다 망쳐버렸다.

"아, 아버지가 잘 몰라서 하는 소린데, 그 별에 대한 이야기는 벌써 과학자들이 다 증명했고 지금도 그런데…. 아버지가 믿건 말건 무슨 상관이에요. 믿기 어렵다고 해서 아니라고 하면 안 되죠."

"나처럼 못 배워서 모르는 사람한테 니 같이 배운 학생이 알아듣게 얘기해 줘야 되는 거 아니냐? 그런 설명도 못 하면서 안다고 할 수 있냐? 아는 거 맞아?"

나는 그만 아버지의 빈정에 화가 났다.

"아, 참 내… 아버진! 내가 배우긴 했는데 아버지가 알아듣게 설명을 못 해서 그렇지 다 알고 있다니깐요. 그리고 아버진 과학자도 아닌데 왜 별에 대해 그렇게 궁금해해요? 게다가 잘 알지도 못하면서… 너무 모르니깐 대체 어디서부터 어떻게 설명을 해야 할지…."

바로 그때 쟁반 위에 똑바로 서 있던 수박이 포물선을 그리며 떨어졌다.

"니가 그것을 충분히 알았다면 왜 나 하나 설득하지 못하냐? 별에 대해 그렇게 많은 책을 보고 배웠다는 자식이 별이 왜 반짝이는지에 대해 간단하고 분명하게 설명하지도 못하면서 학교에 배우러 간다는구나!"

화석과 별에 얽힌 두 번의 일화에서 아버지는 자식들에게 인간, 삶, 우주에 대한 경외감을 드러내셨다. 바닷가 화석을 보고 인간 이전에 살았던 생명체가 궁금했고 밤하늘에 반짝이는 별을 보며 별빛이 지구에 닿는 그 먼 시간을 가늠해 보려 하셨다. 그런 것들을 끊임없이 배우려 했고 자식들이 자신보다 더 잘 배우기를 소망하셨다.

그러나 어리석은 자식은 '과거의 지식으로부터 무엇을 배우는가'와 '자신만의 이야기를 만들고 있는가'라는 질문에 여전히 시원스레 답을 하지 못한다. 새삼 기록 더미에서 진정한 '나'를 찾으려는 까닭이다. 기록은 과거를 통해 현재를 가늠하고 미래를 잘 살아보려는 의지의 발현이다. 우리는 과연 기록으로 남길 만한 이야기를 만들며 살고 있는가? 자신만의 이야기를 창조하지 못한 채 과거를 답습하며 살고 있지는 않은가? 쓰인 것들로부터 나를 발견하는 시간, 아카이브가 필요하다.

2. 상상력이 필요한 시대
살아남은 자들의 슬픔을 기록하다

아홉 살 남자아이가 있었다. 아이의 이름은 오스카다. 집으로 돌아가는 길에 이런 상상을 한다. 높은 건물이 있는데, 95층 버튼을 누르면 엘리베이터가 95층으로 나를 옮겨주는 것이 아니라 95층이 나에게로 온다. 그러면 어느 날 95층에 있다가 비행기가 건물의 다른 층과 부딪쳐 건물이 무너진다 해도 95층만 따로 움직일 수 있으니 그 층 사람들을 무사히 구출할 수 있을 것이다.

'얘가 지금 무슨 뜬금없는 생각을 이리 하나?'

벌써 14년이 흘렀다. 2001년 9월 11일 비행기가 뉴욕에 있는 세계무역센터 빌딩을 덮쳤다. 이 사건으로 학교에서는 학생들을 모두 일찍 집으로 돌려보냈으나 오스카는 남의 일 같았다. 엄마와 아빠 모두 다른 곳에서 일하고 할머니는 집에 계실 테니 자신과는 상관없는 일이라고 생각했다. 그런데 오스카의 아빠는 그날 사업상 미팅으로 무역센터 건물에 갔다가 사고를 당했다. 폭격이 있은 후 건물이 무너지기까지 1시간 이상 시간이 있었지만 건물 전체가 곳곳에서 붕괴되고 있었기 때문에 빠져나올 길이 없었다. 아빠는 휴대전화로 집에 전화를 걸었지만 받는 사람이 없었다. 하는 수없이 메시지를 남겼고 마침 집에 들어온 오스카가 그 메시지를 들었다. '아빠가 지금 현재 그 건물에 있다, 하지만 구출이 진행되고 있고 자신은 괜찮으니 걱정 말라'는 내용이었다. 그때 아빠로부터 전화가 걸려왔다. 그러나 받을 수가 없었다. 오스카는 아빠의 죽음을 예감하면서도 꼼짝할 수 없었다.

'아빠가 왜 지금 엉뚱한 곳에 있지?'

전화를 받으면 막연한 예감은 현실이 될 것이다. 아빠를 탈출시킬 방법이 생각나지 않았다. 아빠를 살릴 수 없는데 전화를 어떻게 받겠는가! 다급한 아빠는 다시 메시지를 남겼다. 그는 그렇게 아빠를 잃었다. 그가 그 층만 따로 움직이는 엘리베이터를 상상하는 까닭이다.

아빠는 밤마다 아들에게 이야기를 풀어놓았다. 또한 아들이 아무리 엉뚱한 것을 물어도 나름대로 대답을 해 주었다. 아빠에게 이야기를 만드는 특별한 재주가 있는 건 아니었다. 때로는 귀찮고 피곤해서 이야기를 구실로 휴식을 취했다. 뉴욕에는 사람들이 잘 모르는 여섯 번째 구[1]가 있는데 그 입구가 센트럴파크 공원에 있으니 찾아보라고 일러준 뒤 오스카가 공원을 뒤지는 사이 벤치에 누워 서너 시간 낮잠을 즐기기도 했다. 하지만 그에게 아빠는 세상에서 제일 재미있는 이야기를 들려주는 위대한 스토리텔러였다. 어제 아빠가 들려준 이야기가 생생한데 오늘 아빠가 세상에 존재하지 않다니. 아빠의 죽음을 쉽게 받아들일 수 없었다. 게다가 마지막으로 연락을 받은 사람이 바로 자신 아니던가!

'아빠는 메시지를 남긴 후 무엇을 했을까?'

'다시 그때로 돌아간다면 나는 어떻게 해야 할까?'

오스카는 아빠가 마지막 순간에 집으로 전화했는데 자신이 받지 못했다는 사실을 가족에게 알릴 수 없었다. 그래서 전화기를 다락방에 숨겼다.

'사람은 결국 죽을 텐데 학교 과제는 왜 하지?'

인생에 처음 닥친 가족의 상실, 극적으로 다가온 아빠의 죽음을 극복하기에 그는 너무 어렸다. 일상으로 돌아가지 못한 채 빌딩에서 떨어지던 사람이 다시 위로 솟구쳐 올라가는 상상을 끊임없이 반복했다. 그러던 어느 날 아빠의 유품에서 열쇠를 발견했다. 아빠의 물건은 모두 그만한 쓰임새가 있다고 생각한 오스카는 열쇠에 맞는 문을 찾는 일이 자신에게 주어진 사명이라 생각했고, 방과 후 그 열쇠로 딸 수 있

---

1. 뉴욕은 맨해튼, 브루클린, 브롱크스, 퀸스, 스태튼의 5구로 이루어져 있다.

는 문을 찾아 뉴욕의 집들을 차례차례로 방문하면서 사람들을 만나게 된다. 결국 아버지의 열쇠로 열리는 문을 찾았다. 그렇게 오스카는 아빠를 잃은 비극에서 빠져나와 세상으로 나아갈 수 있었다.

지금까지 9.11 테러를 소재로 한 조너선 사프란 포어Jonathan Safran Foer의 소설 『엄청나게 시끄럽고 믿을 수 없게 가까운Extremely Loud & Incredibly Close』 내용이었다. 인간의 역사는 근원도 의미도 알 수 없는 폭력에 하릴없이 상처 입는 개개인들 삶의 반복일지도 모른다. 그럼에도 포기하지 않고 해결 방법을 찾는다. 오스카의 엉뚱한 상상은 문제를 해결하는 과정이자 결과다. 인간의 상상력이 왜 문제를 해결하는 방법인지 한국 사회로 돌아와 살펴보자.

상상력이 필요한 시간

2014년 4월 16일 오전 9시경 인천여객터미널에서 안산 단원고 학생 325명, 교사 14명, 선원 26명 등 459명과 차량 180대, 잡화 등 화물 3천608톤을 싣고 출발한 세월호가 침몰했다. 170여 명만 탈출에 성공하고 모두 죽거나 실종됐다. 배가 침몰하는 시점부터 완전히 기울어져 더 이상 구조가 불가능해질 때까지 상당한 시간이 있었다. 9.11 테러 때와 같았다. 지시에 따라 선실에서 대기하던 사람들은 바닷물이 선실 안으로 들어오자 가족들에게 메시지를 남겼다. 오스카의 아빠처럼 세월호의 승객들도 죽음을 예감하자 사랑하는 사람들에게 메시지를 남겼다.

세월호 침몰 한 달 만인 5월 15일 사고 해역에서 주검으로 발견된 세월호 사무장 양대홍⑷⑸ 씨에 대한 의사자 선정 절차가 추진되었다. 양 사무장은 세월호 고위 승무원 가운데 유일하게 탈출하지 않고 마지막까지 승객 구조를 위해 배를 지키다가 끝내 숨졌다. 그는 세월호가 거의 90도로 기울어진 긴박한 상황에서 부인에게 전화를 걸었다.

"수협 통장에 당신이 모르는 돈이 좀 있으니 큰 아이 학비 내는 데 쓰라."

그의 말에 부인이 '지금 상황이 어떠냐'고 물었다.

"아이들 구하러 가야 해. 길게 통화 못 한다."

생전에 가족과의 마지막 통화였다. 옛날 중세 수도사들은 아침에 일어나 처음 만나는 사람들에게 "메멘토 모리Memento Mori."라고 인사했다고 한다. 이 말은 '죽는다는 것을 기억하라'는 뜻이다. 인간은 언젠가 죽는다. 그러나 죽음이 바로 다음 날 오리라고 생각하며 살지는 않는다. 하루는 너무 비루하고 소소하여 이날들이 내일도 그다음 날도 어김없이 우리에게 찾아올 것으로 생각한다. 내일이 당연할 때 인간은 이기적인 삶을 산다. 인류의 일원임을 잊는다. 반드시 살아야 할 날들에 대한 생각이 사라진다. 중세 수도사들의 아침 인사는 마지막일 수도 있을 오늘의 삶을 생각하게 한다.

죽음을 직감한 순간 양 사무장은 다음 세대의 삶을 생각했다. 자식에게 배우라는 당부를 남겼다. 학생에게 자신의 구명조끼를 넘겨주고 배 안으로 다시 들어간 전수영 선생님 또한 그랬다. 걱정되어 전화를 건 엄마에게 그는 아이들을 구하느라 통화를 할 수 없다고 했다. 다음 수업 준비를 위해 수학여행 가기 전날까지 도서관에서 공부했다던 선생님! 살아남은 자들은 이들이 남긴 메시지에 오열했다.

책방이음에서 『도서관에서 책과 연애하다』 저자 강연회를 할 때였다. 강의 후 질문과 토론 시간에 한 젊은이가 이렇게 물었다.

"아침에 일어나 신문이나 인터넷을 보기 두렵습니다. 세월호 사건으로 그렇게 많은 사람이 죽었는데 아무것도 하지 않고 혹은 하지 못하는 내가 싫고 사회가 무서워 자꾸 도피하고 싶습니다. 지금 제가 책을 읽는 일은 이런 일로부터 도망치는 게 아닌가 하는 생각에 괴롭습니다. 어떻게 하면 좋을까요?"

2014년 5월, 한국에 있었던 사람들 가운데 이 젊은이의 마음과 다른 이들이 있겠는가? 오스카의 엉뚱한 상상은 현실을 도저히 받아들일 수 없었던 무의식적인 생존선택이다. 붕괴 직전의 건물에서 떨어지던 사람이 다시 하늘로 날아오르는 만화적 상상은 현실을 잠시 잊게 한다. 도피는 영원한 도망이 아니다. 문제를 해결할 시간을 만든다. 2014년 4월 이후 침몰했던 배를 다시 수면 위로 띄워 그 속에 갇힌 승객들을 모두 건져내는 상상을 얼마나 많이 했던가! 하지만 누구도 그렇게 하진 못했다. 할 수 없었다. 이럴 때 인간의 생각이란 도무지 하릴없다.

그러나 인간은 절망과 고통 속에 자신을 가두지 않는다. 오스카는 이즈음 아빠의 유품에서 열쇠를 발견했다. 남의 집 문에 열쇠를 맞추며 뉴욕 거리를 돌아다니는 동안 쏟아낸 그의 상상은 인간이 살아가는 동안 반드시 지녀야 할 열쇠다. 굴복이 아닌 전보다 나은 사회를 만들어가고자 잠시 그 사건으로부터 멀어지는 시간이 필요하다. 그 시간에 우리는 무엇을 해야 하는가!

공유의 기억을 기록하다

의로운 죽음을 선택한 이들은 다음 세대를 염려한다. 이들이 지키려 한 것은 가까이 보면 자기 아들이고 자기 반 학생들이었지만 진정으로 살리고자 했던 것은 인간의 미래다. 아이들이 인류의 미래이기 때문이다. 생명을 살려야 할 뿐만 아니라 세상을 살아가도록 도와야 한다. 그들에게 무엇을 전승할 것인가 생각하지 않을 수 없다.

앞서 인간에게 도피의 시간이 필요하다 했다. 그동안 우리가 하는 상상은 당면한 문제를 해결하지는 못하지만 전보다 더 나은 세상을 만드는 실마리가 된다. 인류는 수만 년 동안 상상력으로 현실을 바꾸며 오늘날에 이르렀다. 비록 오스카의 아빠가 있었던 빌딩은 무너졌으나 언젠가는 상상한 대로 건물이 층별로 움직이는 세상을 구현할 것이다. 바닷물이 차오르는 순간, 죽음의 공포를 겪으며 가족들에게 사랑한다는 메시지를 보낸 학생들은 비극적 사건이 반복되지 않기를, 살아남은 자들이 기억하고 공유하기를 소망했을 것이다. 그래서 이런 기억과 경험은 반드시 공유해야 한다.

상상이 현실 세계를 바꾸는 데 필요한 시간을 확보하는 동안 사실을 알려야 한다. 공유의 토대가 견고하고 깊고 방대할수록 상상은 현실이 된다. 앞선 세대의 기록으로부터 과거를 배우고 타인의 삶을 참조로 내 인생을 살아간다. 이것이 역사를 배우는 이유다. 호기심과 상상력은 미래, 즉 다른 세상을 꿈꾸는 원동력이다. 현재를 사는 우리는 공유의 기억과 경험을 풍부하게 하는 '기록'부터 시작해야 한다. 만일 우리가 살아남은 자들의 슬픔을 사회적 기억으로 환원하지 못하면 재앙은 반복되고 불멸을 꿈꾼 인류는 사라질 것이다. 세월호 참사 이후의 한국 사회가 보여주었듯이.

슬픔을 사회적 기억으로

세월호가 침몰한 후 한 달여 동안 한국 사회는 모두 한마음으로 울었다. 팽목항을 찾아 유족들의 손을 잡고 절망을 위로하는 이들도 있었고 식사와 잠자리를 마련하는 자원봉사자들도 있었고 실종자 수색 과정에 드는 각종 경비를 기부하는 이들도 있었다. 전 국민이 슬픔을 함께했다.

하지만 서너 달이 지나자 사회는 극심하게 분열되었다. 실종자는 여전히 차가운 바닷속에 있는데 각종 음모론이 꼬리에 꼬리를 물고 일어났다. 슬픔과 고통 속에 통곡 중인 유족에게 화를 내는 이들이 있는가 하면 유족들의 자녀에게 대학입학 특례가 주어질까 노심초사하는 학부모도 등장했다. 한국 사람들이 특별히 공감 능력이 부족한가? 재발 방지를 위한 각계각층의 노력이 절실한 시기에 이해관계와 정치적 입장에 따라 엇갈리는 증언과 보도가 난무했다. 어떤 기사를 접하느냐에 따라 반응이 달랐다. 가공된 이미지와 핵심에서 벗어난 가십거리를 제공하는 언론 보도에 시민들은 쉽게 휘둘렸다. 우리 사회는 지금 즉각적 동조와 분노를 넘어서는 근본적이며 단단한 해결 방법을 구하고 있다. 사건의 순차적인 접근과 기록에 기반을 둔 의사 표현, 슬픔을 사회적 기억으로 전환하려는 더디지만 강건한 노력이 너무나도 절실하다.

세월호 기억저장소

세월호 보도를 접하고 즉각 현장으로 달려가 그곳에서 있었던 모든 내용을 수집하고 기록하는 이들이 있었다. 사건의 흔적이 사라지기 전에 기록을 모으며 현장의 생생한 기록을 저장하는 자원 활동, '세월호를 기억하는 시민네트워크'다. 단체(한국국가기록연구원, 명지대 디지털 아카이빙 연구소 등)와 개인(시민 아키비스트)으로 구성된 이들은 세월호 기록을 모은다. 관련 자료를 기반으로 영상, 다큐멘터리 등 제2의 기록을 생산한다. 이들은 안산시 단원구 고잔동에 '1호 세월호 기억저장소'도 만들었다.

공간은 건축가, 지역 주민, 자원봉사자들이 마련했다. 안산시 지역사회협의회가 준비 중인 '재난 기록단' 또한 세월호 참사 기록을 모은다. 이들은 '대구 지하철 사고 이후 제대로 된 기록을 남기지 않아 우리 사회가 아픈 상처를 겪고도 제대로 된 대처를 못해왔다며 기록을 수집하기로 했다 한다.

같은 사건에 대한 기록이어도 누가 어떤 목적으로 수집하느냐에 따라 활용도가 달라진다. 넘쳐나는 기사와 의혹 사이에서 참사의 법적·제도적 원인을 찾고자 기록을 모은 법률가들이 있었다. '민주사회를 위한 변호사모임(민변)'이다. 실질적인 문제 원인을 찾아야 근본적인 해결책을 마련할 수 있기에 대형선박 관계자, 화물적재 종사자들을 직접 만나 자료를 보탰다. 법적 미비사항, 쟁점들, 정부조직의 문제점 등 거시적 자료들도 있지만 개인의 잘못된 행동과 같은 미시적 자료들도 있다. 또한 그러한 개인의 선택을 야기한 사회·경제적 문제도 분석할 수 있는 자료도 넣었다.

민변은 모은 자료를 보다 많은 사람이 볼 수 있도록 『416세월호 민변의 기록』이란 제목으로 책을 출간했다. 그들은 사실 여부에 관계없이 여야가 정치적 필요로 특례입학을 거론하여 공방이 벌어졌고 그 화가 유족들에게 미쳤음을 기록을 통해 보여준다. 정제된 객관적 기록은 무엇이 사고를 참사로 몰았는지를 담담하게 추적한다. 하지만 이것만으로는 부족하다. 살아남은 자들의 슬픔을 개인의 비극으로 몰지 않고 사회적 기억으로 전환할 더 크고 견고한 무엇이 필요하다. 뉴욕 9.11 추모박물관을 살펴보자.

뉴욕 9.11 추모박물관

9.11 테러가 발생한 지 13년만인 2014년 5월 21일 뉴욕에 9.11 추

모박물관9.11 Memorial Museum이 문을 열었다. 지상에는 추모공원을 만들고 쌍둥이 빌딩이 있던 자리에는 거대한 사각형 풀(인공폭포) 두 개를 설치했다. 이름은 메모리얼 리플렉팅 풀Memorial Reflecting Pool이다. 1,200평이 넘는 넓이에 높이가 약 10미터에 달한다. 사각 풀을 두른 난간 동판에는 희생자들의 이름이 새겨져 있다. 끝없이 이어지는 이름과 풀의 높이는 테러의 규모를 보여준다. 분당 1만 리터가 넘는 물이 난간 동판 중심부에 쏟아진다. 마치 생이 그렇게 끝난 것처럼. 유가족들은 동판에 새겨진 이름을 만지며 차마 울음을 뱉지 못하고 쏟아지는 물길을 하염없이 바라본다.

이렇듯 9.11 추모공원에 있는 폭포는 수많은 사람의 울음을 삼킨다. 추모공원의 이름은 '상실에 대한 인식Reflecting Absence'이다. 슬픔을 삼키되 결코 잊지 말아야 함을 상징적으로 드러낸다. 지하에는 희생자들의 사진을 비롯한 전시물 1만2천5백 점과 소방재난 담당자들의 교신 등 음성기록 1,995건, 테러범들이 공항에 들어서는 장면 등을 담은 580시간 분량의 영상기록이 전시되어 있다. 희생자 2,983명의 얼굴이 담긴 추모실도 있다. 사고 당시 수백 명이 빠져나온 '생존자의 계단', 소방대원 11명을 태운 채 무너지는 건물 더미에 깔린 소방차, 세계무역센터 96층을 받치던 철근 기둥을 그대로 전시했다.

추모박물관에서 사람들이 제일 많고 오래 머무는 장소는 사고 당일 현장 음성과 영상을 보여주는 곳이다. 다음은 납치된 비행기에서 죽음을 예감한 남편이 아내에게 남긴 음성메시지다.

"만일 상황이 잘못되면, 별로 잘 풀릴 것 같지는 않지만, 내가 정말 당신을 사랑했다는 사실을 기억해 줘."

마지막 순간 그들은 사랑을 이야기한다. '자신은 괜찮으니 걱정하지 말라'고 한다. 그밖에 추모박물관에는 그 날을 기억하는 사람들의 기록도 있다. 사람들이 당시에 얼마나 놀랐는지, 어떻게 기억하는지를 여실히 보여준다.

"평생 신문에 그렇게 제목이 크게 난 것을 처음 보았다."

"돕고 싶었다. 하지만 구조할 수 없다는 사실에 절망했다."

한쪽 벽면에는 로마 시인 베르길리우스Vergilius Maro의 서사시가 적혀 있다.

"시간의 흐름이 결코 그대들에 대한 기억을 지우지 못하리."

– '아이네이스Aeneis' 중에서

이 말은 한편으로는 옳지만 한편으로는 그르다. 그 어떤 기억도 세월 속으로 사라진다. 사라지게 두어야 할 기억이 있고 남겨야 할 기억이 있을 뿐이다. 9.11 추모박물관은 지울 수 없는 기억을 만들었다. 방문객들은 하나같이 '끔찍하다, 충격적이다, 다시는 일어나선 안 될 일이다'라고 한다. 인간의 의지가 '지워서는 안 될 기억'을 선택한다. 기억과 경험은 사회 공유의 주춧돌을 세우는 일이다. 주춧돌을 튼튼하고 강건하고 켜켜이 쌓는 시작이 바로 기록이다.

책을 쓰는 동안 세월호의 사건 경과를 지켜보는 일은 참혹했다. 무엇이라도 하지 않으면 사회 전반에 걸친 공유 기억이 생기지 않는다. 기억하지 않으면 사건은 또 발생한다. 1994년 10월 21일 아침 7시에 출근과 등교를 하던 시민 32명이 다리에서 떨어져 사망했다. 1979년에 설치된 성수대교가 무너진 것이다. 조사 과정에서 재벌 건설업의 부실공사와 이를 관리·감독하지 못한 정부의 책임이 드러났다. 온 국민이 다시는 그런 참사를 반복해서는 안 된다고 앞다퉈 말했지만 잊혔다. 성수대교에 희생자 위령비가 세워졌을 뿐이다. 공유 기억이 얕을수록 참사는 반복되고 비극의 역사는 계속된다. 이 모든 이야기를 기록으로 보존하고 사람들이 자꾸 읽어야 비극을 일으킨 사람들이 진실로 세상살이를 두려워할 것이다.

세월호 기록관이 설립되기까지

숲은 아름답고, 어둡고, 깊다.
하지만 난 지켜야 할 약속이 있고,
잠들기 전에 갈 길이 멀다,
잠들기 전에 갈 길이 멀다.

- 『장영희의 영미시 산책』, '눈 내리는 저녁 숲가에 멈춰 서서' 중에서

로버트 프로스트Robert Frost의 '눈 내리는 저녁 숲가에 멈춰 서서

Stopping by Woods on a Snowy Evening'의 마지막 부분이다. 시인은 동네가 내려다보이는 숲 속에서 말을 타고 서 있다. 눈이 깊게 내린다. 그러나 자기 전에 해야 할 일이 있어 먼 길을 떠난다. 오늘에 이르기까지 인간의 역사는 아름답고 어둡고 깊다. 세월호의 눈이 내린다. 모든 것을 덮을 듯한 엄청난 힘으로 쏟아지는 가운데 우린 앞세대와 지켜야 할 약속이 있다. 왜곡되기 전에 기록해야 할 많은 사실이 있다. 세월호 기록관 건립은 우리가 그들과 한 잊지 말아야 할 약속이다. 뉴욕 9.11 추모박물관처럼 시간이 걸리더라도 제대로 만들고 누구라도 갈 수 있는 곳에 만들어 언제라도 볼 수 있어야 한다. 살아남은 자들이 반드시 해야 할 일이다. 잠들기 전에 가야 할 먼 길이다.

3. 생활의 기록이 필요한 시대

일상의 기록이 역사를 만들다

기록은 존재를 드러낸다

인간은 불멸을 꿈꾸며 기록하지만 기록하지 않는다고 해서 모든 것이 사라지지는 않는다. 기록되지 않았다고 해서 존재하지 않는 것도 아니다. 그러나 기록은 있는 것들의 존재를 드러낸다. 역사적으로 권력이 있는 곳에 기록이 있었다. 권력을 가진 자들은 끊임없이 기록을 재구성하고 불리한 기록은 삭제하며 권력을 유지한다. 미처 기록할 겨를 없이 살아가는 데 몰두했던 수많은 사람이 그 존재를 드러내기 어려운 까닭이었다.

기록이 없는 영역에 도전하는 사람들은 처음부터 모든 것을 새롭게 출발해야 했다. 소수자로부터 출발한 평등과 인권에 관한 투쟁은 모두 기록의 부족으로 힘겨운 싸움을 해왔다. 기록에서 타인의 삶을 배우는 이들의 시공간을 넘어서는 협업이 필요하다. 인간의 역사는 결코 국가, 민족, 전쟁, 왕조를 중심으로 흘러오지 않았다. 역사는 결국 해석이다. 그리고 해석은 기록을 전제로 이루어진다. 생활사와 문화사가 결여된 국가나 전쟁 중심의 역사 서술은 실제 인간의 삶에 영향을 미친 수많은 요인을 파악하지 못한 채 잘못된 방향으로 해결책을 제시할 수 있다. 과거를 통해 오늘의 모습을 반추하고 미래를 설계하는 데 가장 밑바닥인 주춧돌이 탄탄하지 않다는 뜻이다. 이에 대한 자각으로 거시사가 아닌 미시사, 일상사, 문화사, 생활사의 역사가 활발하게 이루어지고 있다. 실제의 삶에서 기록을 채집하고 그로부터 인류의 삶을 다시 해석하고자 하는 시도들을 살펴보자.

세계 역사와 지도는 대구 어장을 따라 변해왔다

해마다 겨울이면 강원도 대관령의 황태[2] 덕장에서는 낮과 밤의 일교차가 큰 기후 특성을 활용하여 동해에서 잡은 명태를 널어 말렸다. 그러나 요즘 황태 덕장에는 한국산 명태가 없다. 전부 러시아에서 수입한 명태로 건조 작업이 이루어진다. 이마저도 수년 내 사라질

---

2. 말린 명태. 명태는 대구과에 속하는 한류성 물고기다.

것이다. 전 세계 바다에서 대구가 사라지고 있기 때문이다. 암컷 한 마리가 수만에서 수십만 개의 알을 낳아 다산 어류로 불리던 대구인데 어찌 이런 일이 발생했을까? 동해 저 건너편 태평양 연안에 사는 마크 쿨란스키Mark Kurlansky가 대구잡이 배를 타며 실제 대구가 살았던 바닷가 어부들의 생활 기록들을 발굴하여 그 원인을 찾았다.

쿨란스키의 선조는 태평양 연안에서 대구를 잡는 어부였다. 1600년대 유럽에서 미국으로 건너간 사람 중 대구가 풍부한 미국 동부 연안에 정착한 사람들이 많았는데 그의 할아버지도 그중 하나였다. 풍부한 어장 덕분에 그곳은 삼각무역의 중심지가 되었다. 그러나 2000년이 채 되기도 전에 개체 수가 급격히 줄어 미국, 캐나다를 비롯한 여러 나라의 치열한 '대구전쟁터'가 되어버렸다. 깊은 바다까지 그물을 치고 치어까지 잡을 수 있는 저인망 그물을 장착한 트롤 선박의 대형화와 대용량 저장창고의 확대는 수만 년 동안 인류에게 풍부한 먹거리였던 대구의 몰락을 초래했다. 쿼터제를 도입하기도 하고 대구를 보호 어종으로 선정하여 대책을 마련하는 듯 보이지만 실질적인 대구의 복원보다는 자국의 대구 수확량 증가에 더 애를 쓴다.

쿨란스키는 〈시카고 트리뷴〉의 카리브 해 특파원으로 일하면서 7년 동안 대구의 역할 변천사와 생태를 취재하고 자료를 고증하여 대구 인류학을 썼다. 대구가 '어느 바다'에 서식하느냐에 따라 어부들의 흥망성쇠가 갈렸다. 해류에 따라 움직이는 물고기가 인간사의 흐름을 좌지우지한 것이다. 왕이나 국가가 아닌 물고기가 우리네 삶을 보존해왔다. 한때 어느 바다에 그물을 던져도 흔하게 올라오던 대구가 사라질 거라고는 상상도 못 했다. 가까운 지역 사람들이 먹을 만큼만 낚던 시절에는 대구잡이가 전혀 문제 되지 않았다.

쿨란스키는 무궁무진한 양을 자랑하던 어종이 멸종위기에 이르게 된 과정과 원인을 전 세계에 흩어져 있던 지도와 역사 기록을 통해 설득력 있게 제시한다. 그에 따르면 대구 어장을 따라 발달한 인간의 문명이 대구를 멸종시킨다. 의식이 변하려면 현실을 정확히 알아야 한다. 사람들은 그의 기록을 통해 마구잡이식 대구잡이의 문제점을 깨달을 것이다. 그리고 멸종위기에 처한 대구를 지키기 위해 노력할 것이다. 이렇듯 민간의 미시사 기록은 정확한 현실 인식의 기반을 조성하고 나아가 적극적인 행동으로까지 이어지도록 한다.

스코틀랜드인의 눈에 비친 1920-40년대 조선

한국은 조선 말 일본의 식민지가 되었다. 이후 독립했으나 이어진 한국전쟁과 세계 유례가 없을 만큼 빠르게 진행된 경제발전으로 전통과 맥을 잘 잇지 못한 채 살아왔다. '어디에서 왔는지'는 '어디로 향해 갈 것인가'와 밀접한 관계가 있기에 정체성을 파악하는 일은 중요하다. 『영국 화가 엘리자베스 키스의 코리아 1920~1940 Old Korea』를 번역한 송영달은 1962년 정치학과 행정학을 공부하고자 미국으로 유학을 떠났다. 미국이라는 낯선 곳에서 자국에 살았던 이들보다 더 절박하게 '나는 누구인가' 혹은 '나는 어디에 속한 사람인가'라는 질문에 답을 해야 했다.

그동안 미국에서 살면서 전공과는 관계없이 한국에 관한 것이라면 무엇이든 항상 관심을 갖고 눈여거보곤 했다. 특히 외국 사람이 한국과 한국문화를 어떻게 알고 있는가가 매우 궁금했다. 아마도 당신은 어느 나라에서 온 사람이냐는 질문을 받을 때마다 다져진 궁금증인지 모르겠다. 내가 보는 나와 남이 보는 내가 참 다르다는 것을 외국에 살면서 절실히 깨달았다. 우리는 한국을 5천 년의 유구한 역사를 가진 동방예의지국이라고 배웠지만, 외국인의 눈에 비친 한국은 극동의 알려지지 않은 나라일 뿐이다. 그래서 외국인이 쓴 한국의 문화, 정치, 경제 등에 관한 책 중 특히 19세기 말부터 20세기 초에 출판된 책들에 관심을 갖고 눈에 보이는 대로 수집해왔다. 그러다 우연히 발견한 것이 이 책이었다.

－『영국 화가 엘리자베스 키스의 코리아 1920~1940』 옮긴이의 글 중에서

엘리자베스 키스는 스코틀랜드 화가로 일본에 있는 동생 집에 놀러 왔다가 한국을 여행했다. 서울, 평양, 함흥, 원산, 금강산 등을 다니며 건물과 풍경뿐만 아니라 길에서 만난 할아버지, 농사꾼, 아이들, 아낙네들의 모습을 과장도 폄하도 없이 있는 그대로 그렸다. 동생 엘스펫은 언니의 그림을 상세하게 설명하는 글을 썼다. 덕분에 1919년 3.1운동이 일어난 지 채 한 달도 안 된 조선의 일상, 즉 집들의 모양이나 사람들의 옷차림 그리고 여러 가지 문화가 생생하게 기록으로 남았다.

키스는 금강산 가는 길에 만난 사람들, 독립운동으로 남편을 잃고 자신 또한 고문으로 고생했지만 꼿꼿함을 잃지 않은 어느 양반의 아내, 넓은 언덕에서 연을 날리거나 설빔으로 한껏 꾸민 아이들, 아이를 업은 채 골목길에서 이야기를 나누는 여인들, 전통 혼례식을 올리는 신부, 시골 결혼잔치, 동대문 야경, 옛 원산의 거리, 서양식 모자와 갓을 함께 파는 모자 가게 풍경 등을 판화로 제작 후 적십자 모금을 위한 화집으로 발간하거나 크리스마스실로 만들었다. 키스는 영국, 미국, 프랑스에서 전시회를 열었는데, 1927년 로열 아카데미에서 전시한 '신부Korea Bride'는 100장이 모두 매진되어 유럽의 주요 컬렉션에 포함되기도 했으나 송영달이 발견하기 전까지 잊힌 채 여기저기 흩어져 있었다.

이 밖에도 그는 고종 사망 당시 서울의 생활이 고스란히 드러난 『호박 목걸이: 딜쿠샤 안주인 메리 테일러의 서울살이, 1917~1948 Chain of Amber』를 발굴했다. 이 책을 쓴 메리 린리 테일러Mary Linley Taylor는 연극배우였다가 일본에서 미국인 남편을 만나 일제강점기 한국에서 결혼생활을 했다. 두 사람은 1923년 인왕산 언덕에 '딜큐사'라는 이름의 집을 짓고 살았는데 1942년 일본이 미국과 전쟁에 돌입하자 일본군에 의해 한국에서 강제로 퇴출당하여 미국으로 건너갔다. 메리는 죽기 전에 한국에서의 생활을 담은 『호박 목걸이』라는 책을 썼고 사후 그의 아들인 브루스 테일러가 출간, 국내에는 2014년 3월에 송영달 번역으로 소개되었다.

1919년 3월 메리가 신촌 세브란스 병원에서 첫 아이를 출산한 당시 조선의 제 26대 왕 고종이 사망했다. 병원에서 신촌 거리를 가득 메운 고종의 장례행렬을 내려다본 그녀는 여느 날과 다른 조짐을 감지했다. 전국에서 몰려드는 사람들의 얼굴에는 단순히 왕의 죽음에 대한 슬픔만 있지는 않았다. 무언가를 모의하는 듯한 사람들의 조심스러우면서도 열에 들뜬 움직임, 처음에는 그 열기가 무엇인지 알 수 없었다.

아들 브루스가 태어난 바로 다음 날 일본 경찰들이 병원에 들이닥쳐 인쇄기를 몰수한 후 병실까지 샅샅이 뒤지며 무언가를 찾으려 했다. 나중에 알고 보니 독립만세운동을 벌이기로 한 날이었다. 세브란스 연합의학전문학교 학생들이 '대한 독립선언문'을 인쇄하고 배포하기로 한 사실이 사전에 누출되었고 증거를 압수하고자 했던 것이다. 그러나 관련자를 검거하고 병원을 온통 뒤져도 증거물인 인쇄물이 나오지 않았다. 총을 든 일본 경찰이 메리가 있는 병실까지 수색했으나 결국 성과를 거두지 못하고 철수했다. 외국인 간호사들이 '대한 독립선언문'을 메리의 갓난 아들을 덮은 이불 밑에 숨긴 덕분이었다. 소란이 가라앉은 후 메리의 남편은 아이를 안아 올리다 유인물을 발견, 독립만세운동의 시작을 알리는 배포문이자 정신을 담은 선언문임을 알아차렸다. 남동생에게 전달하여 선언문을 일본으로 가져가 'AP통신 미합중국 특별 통신원'의 이름으로 한국 독립만세운동을 세계 최초로 보도했다.

『호박 목걸이』에는 우리가 미처 알지 못했던 20세기 초 한국 역사의 주요한 사건뿐 아니라 조선 말 생활풍속도 세세히 담겨 있다. 딜쿠샤(앨버트 테일러 가옥)라는 서양식 건물을 짓고 꽃을 가꾸고 싶었던 메리는 영국에서 꽃씨를 받아서 마당에 뿌렸다. 그런데 아무리 기다려도 싹이 나질 않았다. 한참을 잊고 살던 메리는 앞집 지붕을 보고 깜짝 놀랐다. 자신이 마당에 심은 꽃들이 활짝 피어 있는 것이 아닌가! 알고 보니 당시 조선 사람들은 지붕을 짚으로 만들어 엮고 해마다 그사이를 흙으로 다독여 관리했다. 그녀의 집에서 일하던 동네 사람들이 동네 공유지였던 딜쿠샤 터의 흙을 삽으로 퍼다 날라 지붕에 올렸고 흙에 묻혔던 씨앗들이 지붕에서 만개한 것이다.

뜻밖에 역사적 유적도 발견했다. 메리 부부가 처음 종로구 언덕 위에 집을 지으려고 땅을 매입하려 할 때 은행나무와 우물이 있었다. 동네 사람들은 터에 아주 큰 기운이 있으며 은행나무와 우물을 예부터 신성시했으니 개인이 집을 지어 살 만하지 않다며 말렸다. 선교사나 다른 서양인들에게 조선 사람들은 미신을 잘 믿는데 쓸데없는 짓이라는 소리를 몇 번 들었던 메리는 주민들의 말을 무시하고 땅을 매입했고 서양식 벽돌집을 지었다. 그러나 부부가 잠시 미국에 간 사이 원인을 알 수 없는 불이 일어나 집은 흔적도 없이 사라졌다. 하는 수없이 은행나무를 사이에 두고 반대편에 다시 집을 지었는데 알고 보니 은행나무와 우물터는 행주대첩을 승리로 이끈 권율 장군의 집터였다. 왜적으로부터 자신들을 보호한 권율 장군에 대한 역사적 기록들은 사라졌으나 동네 사람들은 그곳을 신령한 장소로 기억했던 것이다.

동시에 그곳은 귀중한 식수가 있는 공유지였다. 개인이 사사로이
사고팔고 소유할 수 있는 땅이 아니었다. 그 땅에 사는 사람들의 중
요한 가치가 부정당하고 소멸하던 시절, 민간의 신앙터 위로 서양식
붉은 벽돌집이 세워졌다. 그러나 이 건축물마저 사라질 위기에 처했
다. 미국인이었으나 조선의 독립을 도왔던 메리 부부는 제2차 세계
대전 발발 후 일본에 의해 재산을 몰수당하고 강제로 미국행 배에
태워졌다. 주인을 잃은 딜쿠샤는 방마다 다른 사람들이 거주하는 다
가구 주택이 되었고 지금은 돈의문 뉴타운지대로 지정돼 재개발 현
장 가운데 놓였다.

송영달이 한국을 떠나 미국에 살며 정체성을 확인하고자 찾은
자료들은 100여 년 전 조선 사람들의 생활을 보여 줄 뿐만 아니라
지금 무엇을 해야 하는지 일러준다. 책이 발간되고 TV로 딜쿠샤 이
야기가 소개되자 서울시 종로구 행촌동은 역사문화 탐방로가 되었
고 보존을 요구하는 목소리를 만들고 있다. 이것이 생활사를 발굴하
고 기록하는 이유다.

조선 시대 양반이 말하는 '조선의 남존여비사상'

오늘날 한국을 '여성 우위의 시대'라 부른다. 미국의 LPGA에서
는 한국 여성이 번갈아가며 우승을 차지하고, 올림픽이나 아시안 경
기 결승전에서도 여자 선수가 출전하는 경기는 대개 안심하고 본다.

한국의 여성 선수는 아무리 경쟁이 심해도, 환경이 불리해도 흔들리지 않고 금메달을 따기 때문이다. 그뿐이랴! 각종 고시나 임용고시와 같은 자격시험이나 입학시험 수석 합격자 명단에 여성의 이름이 오른 지는 이미 오래되었다. 남자들은 '세계에서 한국 여자들이 가장 강하다, 제일 무섭다, 아들과 딸 중에 선택할 수 있다면 딸을 낳으면 더 좋겠다'고 말한다. 아빠들은 거리낌 없이 자신을 '딸바보'라 한다. 그러나 이런 현상만으로 한국 여성의 인권이 향상되었고, 남녀평등 사회에 이르렀다고 말하기는 어렵다.

영국의 경제주간지 〈이코노미스트〉는 매년 여성의 날을 맞아 OECD 회원국의 유리 천장[3] 지수를 발표한다. 남녀 간 고등교육 비율과 임금 격차, 기업과 국회에서의 남녀 비율 등을 종합해 점수를 내므로 여성의 차별 정도를 살피는 척도가 된다. 2015년 한국은 28개국 중에서 28위를 기록했다. 핀란드, 노르웨이, 스웨덴, 프랑스 등이 70점 이상인데 한국은 26.6점을 받았다. 이슬람 국가로 여성의 활동에 제약이 있는 터키보다도 낮은 점수다. 고등교육기관 진학률이 아무리 높아도 한국 여성의 취업률은 남성의 22%에 그치며 이 또한 결혼과 출산에 도달하면 형편없이 떨어진다. 취업에 성공해도 평균 임금은 남자의 절반에도 이르지 못한다(남성 평균 임금의 36.6%). 비정규직의 고용 형태와 임금 상황은 더 열악하다. 여자도 교육을 받을 수 있으니 칠거지악과 남존여비가 팽배했다던 조선 시대에 비한다면

---

3. 유리 천장 Glass Ceiling: 여성과 소수민족 출신자들이 고위직에 승진하는 것을 막는 조직 내 보이지 않는 장벽.

야 인권이 창대히 발전했노라 할 수도 있겠다. 조선 중기 홍문관 교리었던 유희춘이 들었다면 이리 말했을지도 모른다.

"조선 시대의 남존여비사상? 뭘 잘 알지도 못하면서."

유희춘은 1513년 전라도 해남에서 태어나 홍문관 교리를 지냈다. 그는 명종 때 '양재역 벽서사건'으로 유배되었다가 돌아와 홍문관으로 다시 출근하면서 일기를 쓰기 시작했는데 그 내용이 10여 권에 달했다. 『미암일기眉巖日記』는 조선 시대 개인 일기 중에서 가장 방대한 양으로 일찍부터 사료적 가치를 인정받았다. 그러나 여기에서는 일기의 양이 아니라 조선 중기 양반 아내의 실제 삶에 주목한다.

명종[4]은 조선의 왕 중에서 인기가 좋은 편이 아니다. 그보다는 그의 어머니, 문정왕후가 상대적으로 주목을 받았다. 명종의 아버지 중종은 첫 번째 부인이 인종[5]을 낳고 죽자 인종을 잘 키워 줄 사람을 찾았다. 고심 끝에 인종의 외삼촌 가문에서 문정왕후를 선택했는데 그녀는 계속 공주를 낳다가 뒤늦게 명종을 낳아 후계자 구도를 심각하게 만들었다. 인종의 외삼촌(대윤파)과 명종의 외삼촌(소윤파)들은 왕위 계승권을 둘러싸고 심각한 다툼을 벌였다. 그러다 인종이 즉위하자 계파 간 정쟁이 수그러드는가 했지만 인종이 즉위한 지 채 1년도 안 되어 죽자 정국은 다시 환국의 시대로 접어들었다. 당시 나이 어린 명종 대신 그의 어머니 문정왕후가 수렴청정하면서 대윤과

---

4. 명종明宗: 조선 제13대 왕, 재위 기간 1545~1567.
5. 인종仁宗: 조선 제12대 왕, 재위 기간 1544~1545.

소윤의 정권 싸움에서 소윤이 패권을 장악하게 되었다. 이후 문정왕후와 그의 오빠 윤원형은 형세를 더 확고히 하고자 양재역 벽서사건을 빌미로 대윤파를 제거하기에 이르렀다. 당시 홍문관 교리로 있던 유희춘도 그 일파로 몰려 유배되었다.

SBS 드라마 〈여인천하〉는 문정왕후의 섭정 시절, 조선 시대를 좌지우지한 여성이 주인공이다. 남존여비사상이 강했던 조선 시대, 나라를 뒤흔든 여인들이라니. 드라마로 만들 만큼 흥미로운 소재다. 드라마에는 문정왕후를 비롯한 여자 주인공들이 정치 전면에 나서지 못한 채 뒤에서 비책과 술수를 꾸미는 장면이 자주 등장한다. 계략을 꾸려 상대를 곤경에 빠뜨리는 모습이 성군과는 거리가 먼 느낌이다. 이러한 이미지는 사후에도 이어져 문정왕후에 대한 역사적 평가 또한 좋지 않다. 그러나 그녀가 당시 외면받은 가장 궁극적인 이유는 여성이어서가 아니라 종교 때문이었다. 유교가 아닌 불교를 신봉했기 때문에 유교가 사상적 기반이었던 사대부들로부터 외면받았다.

유희춘은 결혼 후 처가에 살았는데 이는 독특한 경우가 아니었다. 자연히 아이들도 외가에서 자랐고 아내는 친정과 시댁 제사를 번갈아 지냈다. 아내는 남편과 함께 장기를 두고 시문을 지어 나누며 애정을 표현했다. 남편은 아내에게 살림살이, 나들이, 재산 증식, 부부 갈등, 노후 생활 등을 세세하게 의논했을 뿐만 아니라 관직 생활에 대해서도 자문했다. 2014년 3월에 출간된 『미야지마 히로시의 양반兩班』에서도 '일상생활을 지배하는 유교적인 전통'은 조선 시대 후기인 18, 19세기 이후의 일이었음을 밝히고 있다. 조선 시대의 전형으로 알고 있던 가부장적 가족, 유교적 틀에서 여성을 바라보던 역사는 생각보다 짧았다. 생활사 기록들을 펼쳐 다시 읽어야 하는 까닭이다.

기록의 양과 진실

A에 대한 기록은 상세하고 풍부한 데 반해 B에 대한 기록은 아주 적다면 A와 B의 사실관계를 잘못 파악할 수 있다. 미국 보스턴에 있는 필그림 홀 박물관은 1620년 신앙의 자유를 찾아 영국에서 아메리카 대륙으로 이주한 초기 청교도인들의 절박했던 상황을 보여주기 위해 이들이 타고 왔던 메이플라워호를 복원하여 플리머스 해안가에 띄웠다. 102명이 타기에는 너무 작은 선실을 보면 '이 작은 곳에서 몇 달을 어떻게 버티었을까?'하는 생각이 절로 들며 당시 얼마나 힘들었을지 실감하게 된다.

메이플라워호는 예상했던 것보다 훨씬 늦게 목적지에 도착하는 바람에 식량난 속에서 혹독한 겨울을 버텨야 했다. 이때 인디언(아메리카 원주민)의 도움으로 옥수수를 얻은 사람들은 살아남았지만 그렇지 못했던 사람들은 괴혈병 등으로 사망했다.

박물관에는 청교도인들이 아메리카로 이주한 이듬해 가을에 수확한 농작물을 두고 하느님께 감사를 드리는 그림이 있다. 이 그림에서 아메리카 원주민을 묘사하는 방식을 보면 초기 이주민들이 이국 땅에서 생존할 수 있던 이유를 오해하기 쉽다. 앞서 말한 A와 B 같은 경우다. 미국을 개척한 메이플라워호에 대한 기록(A에 대한 기록)은 생생하게 복원하고 풍부하게 제공하면서 인디언의 적극적인 도움으로 미국 정착에 성공한 기록(B에 대한 기록)은 상대적으로 누락시킴으로써 미국인의 정착 과정에서 인디언의 도움이 없었던 일처럼 왜곡하는 것이다. 미국의 역사에서는 특히 원주민 인디언과 여성의 경우가 그러했다.

필그림 홀 박물관에는 1773년 보스턴 차 사건, 1776년 독립선언서, 영국과 프랑스를 상대로 한 미국독립전쟁 등에 관한 아주 자세하고 상세한 건국 초기 기록들이 보관되어 있는데 그 자료에는 여성이 없다. 1991년 로렐 대처 울리히Laurel Thatcher Ulrich가 마서 밸러드Martha Ballard의 일기를 발견하기 전까지는 그랬다.

미국 뉴잉글랜드 지역의 할로웰에 살았던 마서 밸러드는 아이를 받는 사람, 즉 산파였다. 『산파일기: 27년간 기록된 한 산파의 일기에서 탄생한 미시사의 걸작A Midwife's Tale: the Life of Martha Ballard Based on Her Diary』을 통해 미시적 기록의 중요성을 알아보자.

『산파일기』, 17세기 미국 여성들의 사라진 삶을 밝혀내다

로렐 대처 울리히는 『산파일기』를 번역해 1991년 퓰리처상을 받았고, 마서 밸러드에 관한 연구로 하버드 대학교 교수가 되었다. 산파가 직업이었던 여자가 27년 동안 쓴 일기가 무엇이 그리 대단하고 퓰리처상을 받고 하버드 대학교 교수까지 된 걸까?

미국의 1800년대는 영국에서 독립하려는 투쟁의 시기였다. 그러나 그때도 사람들은 결혼하고 아이를 낳고 교회에 다니며 일상을 살았다. 『산파일기』에는 미국 독립혁명, 미국 헌법 비준, 워싱턴 대통령의 할로웰 지역 방문 등 건국 이야기에서 중심을 차지했던 이야기들이 일상의 작은 뉴스거리로 등장한다. 마서 밸러드라는 1800년대 미국에 살았던 여성의 일상을 보여줌으로써 '건국의 역사'에서 보이지 않았던 사람들을 보여준다. 그래서 건국 초기 역사에서 사라졌던 여성을 되살려 낸 기념비적 사건 일기가 되었다.

울리히가 『산파일기』를 처음 발견한 사람은 아니었다. 여기서 말하는 '발견'은 단순히 일기의 존재를 '알았다'는 뜻이 아니다. 물건이 아닌 가치의 발견을 말한다. 가치를 부여하는 방법에 따라 어떤 기록은 사라지고 어떤 기록은 발견되어 사회적으로 재평가받기도 한다.

일기를 쓴 마서 밸러드는 아이를 800여 명 정도 받은 산파이자 마을에서 존경 받는 어른이었다. 또한 실생활에서도 남편과 집안일을 대등하게 책임지는 당당한 여성이었다. 이 일기가 없었다면 그녀가 누구인지 알 수 없었을 것이다. 묘비에는 그녀가 무엇을 했던 사람인지 전혀 언급되지 않았다고 하니 '기록이 없으면 역사가 없다'는 말이 실감나는 사례다. 일기를 처음 '발견'한 사람은 고손녀 메리 호버트다. 1844년 의과대학생 시절 증조할머니에게 책을 물려받은 그녀는 의학적으로 가치 있는 자료라고 생각하여 메인 주립도서관에 기증했다.

1844년은 여성 인권과 메리의 인생에서 중요한 해였다. 보스턴 매사추세츠 의사회는 긴 논쟁 끝에 드디어 여성을 회원으로 받아들이기로 했는데, 처음 회원이 된 두 명 중 한 명이 바로 메리였다. 그러니 마서 밸러드에게 아무리 손자·손녀가 많았더라도 『산파일기』가 다른 사람게 상속되었더라면 발견되기는 어려웠을 것이다.

『산파일기』를 두 번째 발견한 사람은 메인 도서관 사서 내시였다. 내시는 낡아서 알아보기 힘든 일기를 멀리 보스턴까지 가서 손으로 일일이 베꼈다. 메리 호버트는 메인 주립도서관에 일기를 기증할 때 인쇄 후 원본을 돌려달라고 요청했다. 도서관은 기꺼이 그러겠다고 했지만 기증받은 후에는 일 처리가 그렇게 깔끔하게 되지 않았다. 내시 또한 일기를 모두 베껴 인쇄하지는 않았다. 어떤 부분은 빠뜨리고 어떤 부분은 잘못 필사하기도 했다. 그러나 그의 수고가 없었다면 '밸러드의 일기'는 재발견될 수 없었을 것이다. 하지만 이때까지도 '밸러드의 일기'는 보스턴 도서관의 수많은 자료 가운데 하나였다.

'밸러드의 일기'를 세계 역사의 주요한 자리에 올려놓은 사람은 울리히였다. 그녀는 전문 직업여성으로서의 마서 밸러드를 되돌아보게 했을 뿐만 아니라 미국 초기 역사에서 존재하지 않은 듯 보였던 절반의 세계, 여성의 삶을 보여줬다. 일기의 내용이 특별하거나 극적이지는 않다. 산파로서의 수입과 지출 등 경제적인 내용과 가족 행사, 날씨 변화, 원예, 이웃을 방문한 일 등 그야말로 지루하고 지속적인 일상을 기록했을 뿐이다. 장마가 쏟아져 불어난 강물에 뗏목을 타고 건너가 무사히 아이를 받은 이야기, 누구네 집 몇 번째 아이가 태어났으며 동네 교회에서는 당시 무엇을 했는지 등 너무나 소소한 나머지 맨 마지막 덧붙인 울리히의 해석이 없다면 지루해서 끝까지 못 읽을 정도다. 그녀는 지루한 일상의 사회문화적 의미를 정확하게 포착했고, 그로 인해 그동안 초기 미국 역사에서 완전히 배제된 여성의 삶, 관점, 하층 노동자의 일상이 어떠했는지 알려졌다.

4. 공유가 필요한 시대
역사를 공유하여 세상을 바꾸다

　많은 기록물 중에서 어떤 것들을 선택하며 어떻게 기록할 것이며 기록 방식이 어떠해야 할 것인가는 쉽게 풀리지 않는 화두다. 어떤 기록이 어떤 방식으로 시대의 가치를 담고 있으며, 어떻게 해야 새로운 기억으로 문화를 생산할 수 있을까? 앞에서는 기록하는 인간에 대해 생각해 보았다. 그렇다면 인간은 어떤 상황에서 글을 쓸까?

　2013년 1월 시인 유안진이 『상처를 꽃으로』라는 산문집을 출간했다. 이 책에서 나는 항상 밝고 긍정적인 내용의 에세이와 시를 쓰는 그녀였기에 전혀 생각지 못했던 시인의 상처를 보았다. 그것은 아들을 낳지 못한 엄마 이야기, 똑똑한 여자아이에게 쏟아지는 친척들의 가혹한 눈초리들에서 자신을 지켜낸 이야기였다. 그녀는 유년 시절 경험한 차별에 대한 마음을 '상처가 더 꽃이다'라는 시로 표현했다.

상처가 더 꽃이다
상처가 더 꽃이다
어린 매화나무는 꽃 피느라 한창이고
사백 년 고목은 꽃 지느라 한창인데
구경꾼들 고목에 더 몰려섰다
둥치도 가지도 꺾이고 구부러지고 휘어졌다
갈라지고 뒤틀리고 터지고 또 튀어나왔다
(…)
꽃구경이 아니라 상처구경이다
상처 깊은 이들에게는 훈장으로 보이는가
상처 도지는 이들에게는 부적으로 보이는가
백 년 못 된 사람들이 매화 사백 년의 상처를 헤아리랴마는
감탄하고 쓸어보고 어루만지기도 한다
만졌던 손에서 향기까지도 맡아본다
진동하겠지 상처의 향기
상처야말로 더 꽃인 것을.

그녀의 시에는 상처를 준 이들에 대한 원망도 지적도 없다. 다만 그 상처를 딛고 일어서서 꿋꿋하게 버틴 덕분에 큰 나무가 된 고목에 사람들이 많이 몰린다고 썼다. 꽃보다 고목을 보는 이들은 가지가 꺾여 구부러지고 휘어져 갈라지고 뒤틀린 채 터지고 또 튀어나온 상처에 주목했다. 인간이 고목처럼 사백 년을 살지는 않지만 제 상처들이 있었으니 꽃보다 고목에 마음이 머물렀으리라.

상처받은 인간은 기록하며 자신을 치유한다. 기록은 쓰는 이의 마음부터 어루만진다. 인간이 기록에 몰입하는 이유다. 또한 기록은 다른 사람의 상처를 치유하기도 한다. 박완서는 소설 『엄마의 말뚝』과 『나목』에서 전쟁이 앗아간 오빠와 자신의 청춘, 이웃의 참혹했던 삶을 눌러 둘 수 없어 글을 썼다고 했다. 독자들은 그의 소설을 읽으며 상처를 치유했다. 제 잘못이 아닌데 삶이 무너졌다. 상처를 사회의 문제로, 공동의 과제로 받아들이지 않으면 인간의 영혼이 파괴된다. 일본군 위안부 할머니들이 그러하다. 상처를, 그 기억을 어떻게 사회화할 것인가!

위대한 아키비스트, 소설가 하퍼 리

상처를 상처로 버려두지 않고 소설로 만든 이가 있었다. 지역사회를 넘어 세계인의 생각을 변화시킨 이 소설, 『앵무새 죽이기To Kill a Mockingbird』를 쓴 하퍼 리Harper Lee는 소설가이자 위대한 아키비스트다. 지금부터 그의 소설을 기록물에 관한 위대한 서사시로 읽어보자.

원서 제목에 쓰인 'Mockingbird'는 실제 앵무새가 아니다. 다른 새의 울음소리를 흉내 내는 흉내지빠귀다. 미국 남부에서는 우리나라에 있는 제비나 참새처럼 흔한 새인데 이 책의 제목으로 등장한 후부터 '인간에게 전혀 해로움을 주지 않는 새나 인간, 이유 없이 돌을 던져서는 안 되는 존재'의 상징이 되었다. 우리나라에 처음 출간되었을 때 『앵무새 죽이기』라는 제목이 너무도 강렬해서 이후 출간된 책들 또한 제목을 변경하기 어려울 만큼 독자들을 사로잡은 까닭에 지금까지 『To Kill a Mockingbird』는 『앵무새 죽이기』로 회자된다. 대체 어떤 내용이기에 이토록 오랫동안 회자되는 것일까?

· 상처가 기록으로 ·

소설의 시대적 배경인 1930년 미국은 대공황을 겪었다. 미국 시민은 모두 경제적으로 곤궁했고 정신적으로 불안했다. 사회에 위기가 닥쳐오면 고통은 소수 혹은 약자에게 큰 폭으로 가해진다. 미국 남부 앨라배마의 어느 마을, 변호사 아티쿠스 핀치는 백인 여성 강간죄로 기소된 흑인 톰 로빈슨의 변론을 맡았다. 당시에는 흑인을 변호한다는 사실만으로 마을 사람들에게 공공의 적이 되었는데, 그의 딸과 아들이 학교에 가기 어려울 지경이었다. 하지만 그는 마을 사람들의 비난과 피고의 피부 색깔에 개의치 않았다. 피고를 변호하는 일이 자신의 역할이라 생각했다. 사실에 입각하여 사건을 조사했고 결국 톰이 죄를 짓지 않았다는 것을 밝혔다.

동네 백인들로 구성된 배심원들은 증인(피해자인 줄 알았던 가해자)에게 톰이 강간하지 않았다는 진술을 직접 들었고, 증거를 눈으로 보았다. 그러나 백인 여성이 흑인을 유혹했고 이를 흑인이 거부했다는 사실을 받아들이지 않았다. 그들은 사실보다 자신들의 생각이 중요했다. '백인이 흑인을 유혹하는 일은 있을 수가 없다, 흑인은 백인을 강간할 만하다, 강간범은 흑인이어야 한다'며 유죄판결을 내린다. 톰은 무죄 증거가 나오자 희망을 품었다가 유죄 판결이 나자 좌절했다. '죄를 짓지 않았지만 유죄'라는 판결을 받아들일 수 없었다. 결국 탈주를 시도하다가 총에 맞아 사살되었다.

· 기록이 역사로 ·

소설의 배경이었던 실제 재판은 1931년에 있었다. 스코츠버러 사건으로 알려진 이 재판의 피고는 테네시에서 앨라배마주로 가던 화물열차에 탄 흑인 청년들이었다. 열차에서 흑인 십 대 아홉 명과 백인 여성 두 명이 패싸움을 벌였는데 역에 도착하자 이 사건은 흑인들이 백인 여성들을 강간한 사건으로 둔갑했다.

앨라배마는 풍부한 흑인 노동력, 온화한 기후, 광활한 토지를 기반으로 한 전형적인 목화재배 지역이었다. 인구의 28%가 흑인이고 주의 중앙부에는 흑인 수가 백인 수를 웃도는 지방자치단체도 적지 않아 인종차별 문제가 일반화되어 있었다. 이런 까닭에 지금도 앨라배마는 인종차별이 심하며 미국에서 유일하게 흑인 기록관(도서관)이 따로 있다. 당시 사건이 재판에 회부되자 앨라배마주는 이들에게 최고형을 내려야 한다는 여론으로 들끓었다. 실제 재판은 소설과 똑같이 진행됐다. 피해자 여성들을 진료한 의사가 강간 사실이 없다고 했으나 결과는 유죄였다.

이 재판은 인종차별주의 반대 캠페인의 도화선이 된 사건이었으나 흑인 청년들이 누명을 벗기까지는 45년의 세월이 걸렸다. 스코츠버러 재판은 인간이 이성적으로만 행동하지 않음을 적나라하게 말해 주었다. 흑인 청년이 백인 여성을 강간했느냐 아니냐는 당사자의 자백과 증거에 따라야 한다. 그러나 현실은 그렇지 않았다. 배심원들은 사실이 아니라 사회의 보편적 의식에 따라 판단했다. '흑인은 마땅히 강간할 만하다'라는 선입견은 피해자가 피해 사실이 없음을 자백해도 소용이 없었다. 사실Fact만으로는 사회의식을 전복시키지 못했다. 분명한 물적 증거를 두고도 어찌할 수 없는 무서운 편견을 어찌할 것인가? 하퍼 리는 소설을 통해 문제를 해결하고자 했다.

『앵무새 죽이기』는 1960년 출간되자마자 미국 전역에 센세이션을 불러일으켰다. 바로 이듬해 퓰리처상을, 1962년에는 앨라배마 도서관협회상과 국제 기독교 및 유대인 연맹조합상을 받았다. 수상 여부보다 값진 결과는 1962년 최고 베스트셀러가 되었다는 점이다. 곧바로 소설을 원작으로 한 영화가 만들어졌고 그해 아카데미상을 받았다. 아카데미상 수상은 그 작품이 미국인의 보편적인 생각과 정서를 반영하고 있음을 의미한다. 이는 미국 사회가 유색인종 차별이 바람직하지 않음을 인정했다는 뜻이다. 그러나 유색인종 차별 문제만으로는 이렇게까지 파급효과가 크고 오래가지는 않았을 것이다.

『앵무새 죽이기』는 기록이 목소리이며 힘을 가진다는 사실을 선명하게 보여주었다. 그러나 모든 기록물이 항상 목소리가 되는 것은 아니다. 즉 기록물이 목소리가 되고 힘이 생기려면 플러스알파가 있어야 한다. 기록물을 어떻게 다루어야 사람들의 의식에 변화를 줄 수 있을까? 소설은 상처를 폭로하는 데 급급하지 않았다. 미국의 인종문제만을 다루었다면 국내에만 유통되는 책에 머물렀을 것이다. 직접적인 방법으로 '인종차별이 나쁘다'라고 주장했다면 한 번쯤 관심은 끌었겠지만 스테디셀러가 되지는 않았을 것이다. 다시 소설 안으로 들어가 보자.

소설의 주인공은 6살 여자아이다. 사회의식이 확고하게 자리 잡기 전이라 편견이 없다. 궁금한 것이 있으면 무엇이든 솔직하게 생각나는 대로 어른들에게 물어본다. 어른들은 저마다 다르게 대답했다. 어린아이가 알면 얼마나 알겠느냐며 무시했기 때문에 도리어 속내를 드러내는 어른, 아이가 아직 어려 보호해야 하기 때문에 사건을 모르게 해야 한다는 어른, 귀찮으니 조용히 하고 가만히 있으라고 소리치는 어른, 아이가 알아들을 수 있는 쉬운 말로 모든 사건의 전말을 찬찬히 알려주는 어른.

변호사 핀치는 딸을 자신과 같은 어른으로 대하지도 않았고 어리다고 무시하지도 않았다. 다만 성장하고 배우는 인간으로 대우했다. 그는 흑인에 대한 편견이 없을 뿐만 아니라 모든 인간에게 신사였다. 핀치의 딸과 아들은 재판을 통해 아버지가 보여준 삶과 사람에 대한 태도가 고모나 이웃 사람들과 어떻게 다른지, 얼마나 다른지 낱낱이 알게 되었다.

핀치네 바로 옆집은 백인 가정이었지만 침례교파 아버지가 지나치게 종교에 집착하여 어릴 때 불량소년이었던 아서 부들리를 집에 가둬 키웠다. 1년 365일 집안에서만 지내던 아서는 창문 커튼 사이로 핀치네 두 아이가 노는 모습을 보는 일이 유일한 낙이었다. 하지만 핀치네 아이들은 밖에 나와 놀지 않고 숨어 지내는 아서를 두려워했다. 아서의 시선은 소설 도입부터 아이들을 따라다니며 불안한 느낌을 준다. 동네 사람들도 아서를 두려워했다. 마을 사람들은 흑인뿐만 아니라 아서에게도 편견이 있었다. 다르다는 이유로 모른다는 이유로 두렵다는 이유로 그를 차별했다. 자신들의 불안과 공포를 피하고자 소수의 약한 사람들을 소외시키고 폭력을 가했다. 재판이 끝난 후 딸이 흑인을 유혹했다는 사실을 사람들이 알게 되자 마엘라의 아버지는 핀치에게 앙심을 품고 아들을 해치려 했다. 그때 창문으로 아이들을 지켜보던 아서가 득달같이 나타나 구했다. 그제야 핀치의 아들은 "누군가를 정말로 이해하려고 한다면 그 사람의 입장에서 생각해야 하는 거야."라는 아버지의 말을 이해했다.

『앵무새 죽이기』는 인종문제를 넘어서 '차이'와 '다름'으로 주제를 확장시켰다. 아이와 어른, 가족과 이웃, 흑인과 백인, 여자와 남자, 종교 등 우리네 삶의 모든 영역에 존재하는 차이와 다름에 주목했다. 그리고 다르기 때문에 모르기 때문에 발생하는 두려움을 드러냈다. 차이로 인한 두려움을 해소하고자 서로에게 휘두르는 폭력 대신 '배려'와 '관용'을 이야기했다. 이 소설은 기록을 역사로 만들었다. 선입견과 차별 대신 배려와 관용을 문화에 정착시켰다. 하퍼 리를 위대한 아키비스트라고 부르고 싶은 까닭이다.

주관적 경험인 개인의 기억(문화적 산물) 또한 그가 속한 사회문화적 배경(흑인 남성은 백인 여성을 강간할 만하다는 문화)에서 생성된다. 아키비스트 하퍼 리는 능동적인 기록관리(어떤 기록을 선택, 폐기, 가치 부여를 하여 재생산하는 행위)를 통해 기록물인 사건일지를 초월하여 다양한 인물들을 입체적으로 형상화했다. 그의 소설은 미국 사회를 넘어, 인종문제를 넘어, 전 세계 사람들에게 '차이'와 '관용'이라는 새로운 기억(정체성)문화이자 사회적 기억을 창조했다. 만약 그가 소설을 쓰지 않았다면 재판기록물만으로 사람들의 사고를 전환할 수 있었을까? 인간에게는 이성이 있지만 늘 이성적으로 생각하지는 않는다. 기록물이나 증거가 보여주는 객관적인 사실도 때로는 편견이나 정서 앞에서 거부당한다. 마음을 움직여야 증거는 비로소 두터운 사회의식(편견)을 넘어 사실이 된다.

『척하는 삶』, 깊고 날카롭게 역사의 상처를 새기다

사회 안에서 살아가기에 우리의 생각은 사회의 영향을 받는다. 반대로 개개인이 모여 사회를 이루기에 개인의 의식이 사회에 영향을 주기도 한다. 이창래는 한국계 미국인 소설가다. 그가 위안부 사건을 접한 충격으로 쓴 『척하는 삶A Gesture Life』은 역사적 사건이 소설에 힘입어 어떻게 우리에게 공명이 시간을 부여하는가를 잘 보여준다. 그는 이 소설에서 위안부 이야기를 직접적으로 하지 않았다. 더 잊을 수 없고 더 멀리 퍼지는 방법으로 사라져 가는 기억을 복원했다. 그리고 이 작품은 미국의 4개 주요 문학상을 받았다.

미국의 어느 작은 마을에서 의료기기 가게를 운영하던 닥터 하타는 사람들로부터 존경과 인정을 받고 노후를 보내고 있다. 그러나 그는 사실 그 어떤 세상에도 속하지 않은 채 부유한다. 입양한 딸 '서니'와도 부녀관계를 제대로 맺지 못하고 노후에 찾아온 연인과도 속내를 나누지 못한 채 헤어졌다. 그는 이렇게 직접 세상에 뛰어들지 못한 채 삶을 마무리할 태세다. 제2차 세계대전 중 일본군으로 전쟁에 참여했던 하타는 위안부 '끝애'를 사랑하고 그녀를 차지했다. '사랑'이 아니라 필요에 의한 폭력으로. 그러나 그는 전쟁을 자신이 일으킨 것이 아니듯 '끝애'를 향한 감정은 다른 군인들처럼 단순히 성욕을 채우기 위한 폭력이 아니었다고 생각한다. 그들과 달리 격이 있는 사랑을 했노라고 생각하며 어떤 세상도 똑바로 보지 않은 채 손해도 보지 않고 상처도 주고받지 않으며 고결함을 유지하는 척한다. 하지만 결국 그는 세상을 마주 보지 못한 비겁자였다.

일본에서 입양한 딸과의 관계도 마찬가지다. 딸은 그의 모순을 가장 적나라하게 말하는 인물로 그녀의 아들, 즉 손자 덕분에 하타는 인생 마지막 단계에서 '척하지 않는 삶'을 살 희망을 발견한다.

"지금은 똑똑히 보이지만, 사실 나는 그 상황의 중요한 한 부분이었다. (…) 사실 무시무시한 것은 우리가 중심에 있었다는 것이다. 순진하게, 동시에 순진하지 않게 더 큰 과정들을 구성하고 있었다는 것이다."

작가는 직접 위안부를 이야기하지 않았지만 더 노골적이고 분명하고 구체적으로 말한다. 제2차 세계대전을 일으킨 장본인이 아니라고, 군인의 신분으로 전쟁에 참여했을 뿐 위안부를 만들지도 이용하지도 않았다고 가해자가 아니라 할 수 있는가! 악이 눈앞에 있을 때 가만히 있는 것만으로도 악은 거듭 창출된다. 우리는 모두 역사의 주체다. 소설은 그 어느 기록보다 더 깊고 날카롭게 '위안부의 상처'를 새겼다. 이창래가 이 작품으로 노벨문학상을 받았으면 한다. 상처가 기록으로 나아가고 기록이 역사가 되며 역사가 다시 문화로 정착하길 꿈꾼다.

'지지 않는 꽃', 세계인의 마음을 사로잡다

2014년 1월 프랑스 서남부의 작은 도시 앙굴렘에서 놀라운 일이 벌어졌다. 유럽인들이 일본에게 '왜 위안부를 인정하지 않는가?'라고 항의했다. 한국인들도 아닌 유럽인들이라니, 대체 어떻게 된 일일까? 세계인의 시선이 앙굴렘에 집중된 까닭은 국제만화페스티벌이 열렸기 때문이다. 1972년 만화가 몇 명과 출판사들이 '천만 개의 영상'이라는 개인전을 열었는데 시민들이 좋은 반응을 보이자 시에서 적극 지원을 나섰고, 1974년부터 앙굴렘 시립박물관을 중심으로 작품을 모으기 시작해서 오늘날 세계 최대 출판만화축제로 자리 잡았다.

2014년 1월에는 제1차 세계대전 100주년을 맞아 전쟁 고발이나 전쟁 당시 여성 성폭력 문제를 다룬 만화를 전시하기로 했다. 이에 한국만화연합과 여성가족부의 기획으로 한국을 대표하는 만화가 19명은 일본군 위안부 피해자 기획전, '지지 않는 꽃'을 준비했다. 전시회의 울림은 크고 넓었다. 일본군 위안부의 역사적 존재를 알리고 세계적 공감대를 형성했다. 문화·예술적 접근은 일본 정부를 압박하려던 다른 어떤 시도보다 성공적이었다. '일본'이라는 단어를 쓰지 않았고 일본군 위안부를 인정하라는 구호도 없었다. 하지만 만화를 본 유럽 사람들의 마음을 흔들었다. 피해 당사국이 아닌 나라의 사람들이 '일본 정부는 위안부를 왜 인정하지 않는가!'라고 항의를 하자 파장이 여느 때보다 크고 높았다.

미국 캘리포니아주 글렌데일에 세워진 '평화의 소녀상' 철거반대 청원이 10만 명을 돌파한 일 또한 기록의 어떤 형태가 사람의 마음을 움직이는가에 대한 사례다. 앙굴렘 국제만화페스티벌의 '지지 않는 꽃' 기획전시회는 위안부 피해 당사자인 할머니들이 자신의 상처를 개인적으로 묻어 두지 않았기에 역사의 장으로 나올 수 있었다. 되풀이되어서는 안 되는 인류 공동의 과제라는 데 생각이 미치지 않았다면 하기 어려운 선택이었다. 이렇듯 상처를 드러낼 때 공명의 소리로 크게 같이 울려야 비로소 세상이 바뀐다.

5. 문화 다양성의 시대
기억과 기록의 복원으로 창조를 꿈꾸다

인간의 역사는 살아온 날들이 소멸하는 것에 끊임없이 저항해 왔다. 때로는 그림과 사진으로 장면만을 살리고 때로는 긴 이야기로 여러 장면을 재구성했다. 이는 모두 과거를 복원하는 것이요, 그간 의 경험을 아무것도 아닌 것으로 만들지 않으려는 시도다. 잊고 살 수 없는 장면을 남기는 것만으로도 후대는 그 너머의 시간과 공간을 본다. 기록물 중에서도 사진은 빛에 기대어 살아남아 기록을 남기고 기록은 다시 읽는 이의 상상력에 힘입어 시간적 찰라, 공간적 단편,

사건의 표면을 뛰어넘어 저 너머 본질적인 세상으로 우리의 시야를 확대한다. 2008년 송파구에 있는 한미사진미술관에서 강운구의 사진전 '저녁에Embracing Evening'가 열렸는데 그중 안면도 염전에서 촬영한 '소금 창고의 염부꾼'을 주제로 한 사진 세 컷이 전시되었다.

염부꾼이란 '예전에, 바닷물을 끓여서 소금을 고던 사람'이다. 지금이 아닌, 예전에. 그렇다, 염부꾼은 이제 옛사람이다. 물을 끓여 증발시킬 만큼 뜨거운 빛 아래에서 평생을 일하는 동안 그의 얼굴은 새까맣게 탔다. 흑백사진에서 셔츠는 백이요 얼굴은 흑이다. 강운구는 같은 장면을 세 번 나누어 찍었다. 천장 높은 소금 창고를 찍은 후 늙은 인부의 전체적인 모습을 보여 주었다가 더 다가가 얼굴을 정면으로 크게 찍었다. 그의 얼굴은 전체적인 맥락에서 다시 읽힌다. 또한 그의 알 듯 모를 듯한 얼굴을 들여다본 후 소금 창고는 전과 달리 읽힌다.

"가난밖에 없는 얼굴이 아니라 그 이상의 무엇인가가 있는 얼굴을 찍고 싶다."

강운구가 카메라를 당겨 피사체에 다가가듯 그의 사진과 글을 읽는다. 사진과 글이 인간의 불완전한 기억을 어떻게 기록하는지, 기록으로 인간은 무엇을 하려는지, 무엇을 해야 하는지 가늠하는 시간이다.

평생을 소금밭에서 일한 염부의 얼굴에 무엇이 담겨 있는지 미처 살필 겨를 없이 한국의 소금밭은 사라졌다. 마을도 사라졌다. 강운구는 전통가옥을 촬영하고자 강원도 원성군 황골의 초가마을, 강원도 인제군 용대리의 너와집마을, 전라북도 장수군 장수읍 수분리의 건새집을 찾았는데 지금은 이 세 마을이 모두 사라지고 사진으로만 남았다. 작가는 '시간과 겨루기에 슬프지 않은 것은 없다'고 했지만 마을은 시간 때문에 사라진 게 아니다. 개발과 근대화, 산업화 때문이다. 단지 집, 강, 오솔길, 산등성이만 사라진 게 아니다. 터전이 옮겨지자 집의 모습이 바뀌고 삶의 형태도 추구하는 가치도 달라졌다. 사람과의 관계가 달라지고 자연과의 관계도 변했다. 그는 이를 두고 '나는 발견할 수 있었고 그들은 부수었다'고 표현했다.

염부꾼과 세 마을은 그저 옛것이 아니다. 그 안에는 오랜 세월 구축한 문화가 있다. 편리하고 새로운 것에 밀려 서서히 사라지는 것과 부수는 것은 차원이 다르다. 이는 단절이다. 사진은 이 단절과 상실을 처절하게 고발하는 동시에 애잔하게 그리워한다.

여러 세기를 통해 구축된 문화가 일시에 사라진 사회에 소통이 원활할 리 없다. 오늘날 사람들에게는 함께하는 기억이 부족하다. 그저 개별적인 인간들이 지금까지 배우고 익힌 결과물만 사라진 게 아니다. 개인의 삶을 풍부하게 하던 공유 기억의 상실은 우리의 자아를 파괴하며 나아가 과거와 사람들과의 관계를 끊는다. 세 마을의 주거형태가 각기 다른 까닭은 개별적인 자연조건에 살아남기 위해 저마다 그 곳에 알맞은 재료를 선택하고 집의 모양을 궁리했기 때문이다. 인류는 지금까지 저마다 처한 상황에서 살아남고자 배운 바를 공유하며 이를 토대로 기억을 전승시켜 문화를 구축했다. 이러한 전통문화의 소멸은 생존의 불능을 의미한다.

서른 해는 인류사나 민족사에 견주면 잠깐에 불과하다. 그러나
개인한테는 긴 시간이다. 돌아보면 부끄럽지만, 그땐 삶이나 시
대에 대한 나의 인식이 형편없이 모자랐다. 게다가 솜씨도 없
고 약지도 못했다. 그때 그런 걸 짐작도 못했으면서 딴엔 자못
심각하고 진지했었다. 그래서 이 마을 저 마을 겁먹은 떠돌이
처럼 두리번거리며 돌아다녔다. (…)『마을 삼부작』에 나오는
마을들은 이제 이 땅에 없다. 마을들이 비슷한 모양으로나마
남아 있다면 이 사진들의 대부분은 폐기해도 아까울 것이 없
다. (…) 이 사진들은 사진으로 남아 있는 화석이다.

—『강운구 마을 삼부작: 황골 용대리 수분리』 중에서

마을과 사람이 사라지는 동안 지방의 독특한 삶이 담긴 사투리
와 생활과 정신도 함께 사라졌다. 너무 순식간에 이루어진 일이라 무
엇을 잃어버렸는지조차 가늠하기 어렵다.『강운구 마을 삼부작』이
현대화 과정에서 사라진 마을을 보여주었다면『강물이 흘러가도록
Letting Swift River Go』은 상실로 인한 개인적 아픔을 잘 드러낸다. 이 책
은 1920년대 미국 매사추세츠주에서 실제 있었던 일로 시작한다.

미국 동부 보스턴 근처 시골 마을에 한 여자아이가 살았다. 스
위프트라고 하는 아름다운 강이 마을을 따라 길게 흘렀다. 로버트
레드포드가 주연한〈흐르는 강물처럼A River Runs Through It〉에 등장하
는 플라이 낚시 장면을 기억하는 사람이 많을 것이다. 플라이 낚시

는 나비나 곤충 모양의 플라스틱 미끼를 사용해서 강물을 오염시키지 않는 방식인데 아주 맑은 물에 사는 송어 같은 물고기를 잡을 때 사용한다. 여자아이는 강에서 친구들과 플라이 낚시도 하고 반딧불이도 잡고 단풍나무 아래에서 소풍놀이도 하면서 살았다. 그런데 보스턴 도시가 성장하자 점점 정착하는 외지인들이 늘면서 물이 부족해졌다. 사람들은 마을을 따라 길게 흐르는 스위프트 강의 물줄기를 막아 댐을 만들기로 했다. 보스턴에 물을 대기에는 참 좋은 생각이었다. 댐을 만들자 마을의 교회, 언덕, 집들이 모두 물에 잠겼다. 골짜기마다 새겨진 삶의 흔적들이 수면 아래 가라앉았다. 살아온 곳이 물에 잠겼다고 앞으로의 삶도 물에 담글 수는 없기에 여자아이의 가족은 마을을 떠나 도시로 갔다.

세월이 흘러 어른이 된 여자아이는 아빠와 함께 보트를 타고 저수지로 들어갔다. 저녁이 될 때까지 작은 보트에 앉아 물에 가라앉기 전 마을의 모습을 생각했다. 아빠가 딸이 세례를 받던 교회, 학교, 마을회관, 돌집, 방앗간이 있던 자리를 설명했지만 모두 물에 잠겨 옛 모습을 읽어낼 수 없었다. 이윽고 날이 어두워져 밤이 되자 물 위로 개똥벌레가 빛을 냈다. 두 손을 모아 물을 뜨자 그제야 버드나무 가지에 스치던 바람이 생각났다. 친구들을 만나던 네 거리도.

미국의 안데르센Andersen이라 불리는 제인 욜런Jane Yolen은 이렇게 만들어진 쿼빈 저수지에 산다. 작가는 이 지역을 이렇게 말한다.

"퀴빈 저수지는 뉴잉글랜드[6]에서 가장 물이 맑다고 소문난 곳이지요. 이곳은 정말 아름답습니다. 하늘 높이 독수리들이 날고 사슴들이 길을 내지요. 그러나 한때는 바위투성이 언덕이 에워 쌌던 스위프트 강이 흐르는 야트막한 골짜기였어요."

제인 욜런은 자신이 매일 바라보는 아름다운 퀴빈 저수지 아래로 가라앉은 마을을 생각했다. 그리고 퀴빈마을 역사연구협회에 가서 저수지 옛이야기를 들으며 그곳에 살던 사람들의 상실감과 아픔을 글로 쓰기 시작했다. 『강물이 흘러가도록』은 그녀의 이야기와 칼데콧상[7]을 두 번이나 수상한 바버러 쿠니Barbara Cooney의 그림이 어우러져 고향을 영원히 볼 수 없는 상실감, 아픔과 그리움, 그리고 여자아이의 마음속에 있던 마을을 잘 복원했다.

어디로 갔을까? 과거와 현재를 잇는 고리

주호민의 『신과 함께-이승 편』은 '사라지는 것들'에 대한 한국 편이다. 한울동 재개발 사업이 확정되면서 아파트를 짓기 위해 철거를 앞둔 동현이네에 전통신인 성주신, 조왕신, 측신, 철융신이 모였다. 성주신은 집 건물, 조왕신은 부엌과 불씨를, 측신은 변소를, 철융신은 마당과 장독대를 지키는 가택신이다. 동현의 할아버지는 58년

---

6. 뉴잉글랜드: 미국 북동부 지역의 메인, 뉴햄프셔, 버몬트, 매사추세츠, 코네티컷, 로드아일랜드의 6개 주를 말한다.

7. 칼데콧상: 미국에서 그해 가장 뛰어난 그림책 삽화가에게 주는 상으로 그림책의 노벨상이라 불린다.

동안 살았던 이곳을 버리고 아파트로 갈 수가 없다. 신들 또한 뒷간이 없고, 부뚜막이 없고 마당도 장독대도 없어 동현이를 따라 아파트로 갈 수가 없다. 아파트에서는 변이 양변기로 빠져나가기 때문에 측간신이 필요 없다는 소리에 놀란 측간신은 '어째서?! 귀한 똥을 왜…?!"하고 소리 지른다.

할아버지가 일하러 간 사이 혼자 집에 남아 있던 동현이를 지키던 가택신들은 당장 자신들의 거처보다 어린 동현을 걱정한다. 재개발 승인을 독촉하는 사람들은 깨끗한 아파트에 가서 편하게 살라고 할아버지를 종용하지만 동현이네에게 아파트는 그저 편리하고 깨끗한 것만을 의미하지 않는다. 동네 사람들의 지킴의 '눈'과 배려의 '손'이 필요한 동현네의 경우는 골목이 살아 있는 동네가 더 나을 수 있다. 『신과 함께』는 전통신이 한국인의 삶에서 어떤 역할을 해왔는지를 오늘날 주택 구조와 삶의 형태에 비추어 잘 드러낸다. 급격한 현대화를 거친 우리는 전통신을 잘 모른다. 전통신만 모르는 것이 아니라 과거와 현재를 잇는 수많은 고리를 잃어버렸다. 주호민은 그 고리를 '만화'로 엮어 잊힌 기억을 생생한 '지금'의 현장으로 불러왔다.

이제 소멸하는 기억을 인간의 뇌가 어떻게 포착하는지 과학적으로 풀어보려는 사람을 만나 볼 차례다.

기억은 언제나 나를 매혹했다. 생각해 보라. 당신은 당신이
고등학교에 입학한 날, 첫 데이트, 첫사랑을 원한다면 얼마
든지 회상할 수 있다. 그럴 때 당신은 사건만 회상하는 것이

아니다. 당신은 그 사건을 둘러쌌던 분위기 – 광경, 소리, 냄새, 때, 대화, 감성적인 색조 – 도 경험한다.

『기억을 찾아서In Search of Memory: the Emergence of a New Science of Mind』의 일부다. 이 책을 쓴 에릭 캔들은 2000년 노벨 생리의학상을 받은 미국의 과학자다. 그는 본디 오스트리아 빈에서 태어났다. 아홉 살 생일이 며칠 지난 이른 저녁 아파트 문을 쾅쾅 두드리며 경찰관 두 명이 나타나 당장 아파트를 비우라고 명령한다. 나치가 빈을 점령하자 유대인이었던 에릭의 가족은 재산을 몰수당한 채 빈을 떠나야 했다. 그는 성장한 후에도 경찰이 아파트 문을 두드리던 그 날 밤을 그 어떤 것보다 강렬하게 기억했다. 처음에는 의학을 전공했다가 빈에서 겪은 공포가 뇌의 분자적 세포적 조직에 어떻게 각인시켰기에 반세기가 넘게 지난 지금도 그 경험을 시각적 감정적으로 생생하고 상세하게 재생할 수 있는 것일까를 연구하기로 한다.

『기억을 찾아서』는 유년시절의 한 사건이 개인에게 어떤 영향을 미쳤는지를 고백하는 자서전이자 지금까지 인류가 수없이 직면한 공포를 해결하고자 어떻게 스스로를 단련시켜왔는가에 대한 뇌과학발전사다. 기억을 자신 안에 가둘 때 그것은 상처가 된다. 이를 사회의 기억으로 환원하고 공유 기억으로 재생할 때 인간은 잊어서는 안 되는 '기억의 역할'에 대해 비로소 성찰할 기회를 가진다. 인간이 인간을 소멸시키는 전쟁을 영원히 기억하며 후대에 되풀이해서는 안 될 공유 기억으로 구축한다.

기록으로 문화의 다양성을 확보하다

1960년대 이후 한국은 세계에서 유례를 찾아보기 어려울 만큼 빠른 속도로 경제발전을 이룩했다. 그 과정에서 잃어버린 것은 문화유적만이 아니다. 사람, 마을, 자연의 상실에 이어 정신의 결여를 낳았다. 기록을 통해 공명의 시간을 확보하고 시공간의 폭을 넓혀 사회 생태계를 건강하게 유지해야 한다. 인터넷으로 정보를 공유하고 어디든 누구든 자유로이 만나며 교류하는 세계화 시대여서 더욱 그러하다.

획일화, 단순화시키면 위기에 대처하지 못하고 멸종한다. 소수민족과 소수언어가 사라지고, 그들이 축적한 삶의 경험과 지혜가 사라지고 있다. 남은 사람들은 그것을 해석하지 못한다. 우리 사회문화가 다른 지역과 같지 않은 이유는 이 땅에 살아온 사람들이 생태에 맞게 고유한 경험을 축적했기 때문이다.

집단과 그 집단의 정체성은 이러한 다양한 생태환경에 따른 최적의 경험이 축적되어 만들어진 결과다. 생물의 다양성 확보가 생존에 필수요건이듯 문화의 다양성 또한 인류 생존의 근간이다. 기록은 생존의 근간인 다양성 확보의 시작이다. 기록으로 순간을 포착하고 이를 기반으로 또 다른 인간이 꿈을 꾸며 어떤 인간은 그 꿈을 종내에 실현한다.

2 부

호모아키비스트,
기록하는 사람들

2부는 나는 어디에서부터 비롯되었는가, 어디로 가고 있는가, 누구와 함께하는가에 대한 답을 기록에서 찾으려는 사람들의 이야기다. 자신만의 이야기를 기록하고 공유하며 소통을 꿈꾸는 이들을 현장에서 만나 보자.

"쓰면 느려지고 느리면 분명해진다. 손으로 쓰면서 우린 그렇게 알게 된다. 내가 누군지, 무엇을 원하는지."

– 베른하르트 뢰스너Bernhard M. Rösner

1. 자서전

나만의 이야기를 만드는 사람들

『19세 여고생』, 한국 여고생의 일상을 찍다

성벼리는 19세 여고생이다. 2014년 봄부터 학교에서 자신의 모습을 찍기 시작했다. 양치질 거품을 잔뜩 머금은 모습, 쉬는 시간 학교 운동장 수돗가로 달려가는 모습, 친구와 청소하다가 창문으로 다리를 번쩍 올리며 장난치는 모습 등. 그녀는 이 사진들을 모아『봄과 여름 사이』라는 사진집을 발간했다. 모든 게 허술하고 부족하지만 귀엽고 예쁘게 봐달라는 글과 함께.

첫 사진집 발간 후 '빛나는 이유'를 주제로 촬영을 이어갔다. 이번에는 학교 화단의 바위 위에서 양말을 벗고 맨발로 햇볕을 쬐는 모습, 아이스크림이 햇빛에 녹아 뚝뚝 떨어지는 모습, 더운 여름날 이리저리 교복 속으로 시원한 바람을 넣어보려는 뒷모습 등 그야말로 가장 빛나는 시절의 자신을 있는 그대로 담았다. 그리고 '미성숙함'에 대한 이야기도 담고 싶었다면서 사진들을 예쁘게 봐달라는 애교 섞인 부탁을 잊지 않는다. 왜? 여고생이니깐! 수능이 끝나면 더 두꺼운 책으로 찾아오겠다고 덧붙인 것을 보니 2호 이후에도 계속 자신의 일상을 사진으로 기록하는 모양이다. 성벼리의 소소한 학교 일상이 담긴 사진집을 펼쳐 든 사람들은 하나같이 이야기한다.

"이거 내 이야기잖아!"

『오빠 일기』, 내 오빠가 살아 있었음을 기억해 주세요

안미지는 2012년 갑자기 세상을 떠난 오빠가 초등학교 때 쓴 일기와 사진을 묶어 아카이브 작업을 했다. 사람들이 오빠가 살아 있었다는 것을 기억해 주길 바라는 마음으로. 오빠는 대한민국 초등학생이면 누구나 사용하는 일기장 공책에 일기를 썼다. 동생은 삐뚤삐뚤하게 쓰인 오빠의 일기장에 그즈음에 찍었던 사진을 붙여 '사진 일기' 같은 기록물을 만들었다. 어느 날은 요일과 날짜 없이 제목만 크게 쓰기도 했고, 어느 날은 일기장 공책의 형식에 맞게 비 그림이 그려진 날씨 란에 동그라미를 표시하기도 했고, 어느 날은 담임선생님이 '참 잘했어요'를 붉은 볼펜으로 쓰기도 했다.

〈토요명화〉를 봤다. 성룡이 나오지 않고 돌고래와 어떤 아이가 나왔다. 그런데 나는 그것을 보고 새로운 것을 깨달았다. 무엇이냐면 말을 하지 못해도 마음은 통한다는 걸 알았다.

엄마와 여동생과 셋이서 꼭 껴안고 찍은 사진 옆 7월 11일 목요일 일기에는 아침 7시에 일어나 밤 10시 5분에 잤다고 쓰여 있다. 그날은 비가 왔던 모양이다.

나는 동생이 정말 싫다. 싫은 이유도 한 가지가 아니고 여러 가지다. 1째는 얼굴이 못생겼다. 2째는 이빨이 너무 많이 빠지고, 3째는 나에게 덤비고, 4째는 욕을 하고…. 그래서 정말 싫다.

동생이 몹시 밉던 그 날 오빠가 한 중요한 일은 〈전설의 고향〉 보기였고 잘한 일은 '일기를 쓴 것'이다. 반성해야 할 일은 '비를 맞고 돌아다닌 것'이었고 내일 할 일은 '칠판에 내는 문제 맞히기'였다. 느닷없이 생을 마감한 오빠의 일기와 사진을 모아 엮으며 동생은 조금 더 많은 사람의 기억 속에서 오빠가 머물기를 염원한다. 기록으로 영원을 꿈꾸듯.

『나의 할아버지는 제주』, 기억집으로 삼대를 조망하다

신미경, 이창규 씨는 할아버지가 세상을 떠나자 그해 겨울 기억집을 만들었다. 『나의 할아버지는 제주: 유년의 제주, 그리고 할아버지에 대한 마지막 기억집』이라는 제목으로 아름다운 일러스트 그림을 더하고 실크스크린으로 인쇄한 후 손으로 직접 엮어 총 50부를 제작했다. 서점에 배포되는 책은 아니지만 저작권이 있는 이른바 독립출판이다. 할아버지는 제주도에서 태어나지 않으셨다. 그런데도 제목이 『나의 할아버지는 제주』인 까닭은 할아버지의 삶이 제주에서 시작되었기 때문이다. 할아버지의 삶이 그대로 제주다. 앨범에는 할아버지가 한국전쟁 징집을 피해 끝없이 남쪽으로 내려왔다가 제주도에서 경찰이 되고 해녀인 할머니를 만나 다시 고향을 만들며 살았던 삶이 사진으로 고스란히 담겨 있다. 할아버지를 기억하는 일은 그로부터 비롯된 아버지와 나, 삼대의 삶을 조망하는 일이다.

구술 생애사, 할머니들의 생애를 받아쓰다

〈조선일보〉나 〈신동아〉 논픽션 공모전에 참여하는 응모자 수를 보면 사람들이 얼마나 자신의 인생을 말하고 싶어하는지 알 수 있다. 특히나 할머니들은 본인의 삶을 이야기하기 좋아하신다. 으레 자기 인생을 소설로 쓰면 서너 권은 족히 나온다고 말한다. 하지만 막상 기록하려고 하면 '내 이야기가 무슨 기록이 되겠냐'며 손사래를 친다. 이런 이야기들은 소설보다는 아카이브로 가야 한다. 최현숙 씨는 할머니 세 분을 붙잡고 자식들에게도 털어놓지 않은 이야기들을 미주알고주알 털어놓게 했다. 그리고 이 이야기들을 바탕으로 『친당허고 지옥이 그만큼 칭하가 날라나?: 15소녀 표류기 1』를 출간했다. 일제강점기에 태어나 지금까지 살아온 김미숙(89세), 김복례(87세), 안완철(81세) 할머니의 입을 통해 그 시대 사람들의 삶이 바로 눈앞에서 펼쳐진다.

"그때 여자들 스무 살까지 시집을 안 가면 '덴시따이'라구, 그래 그 정신대. 그거에 뽑혀나가니까 허겁지겁 시집들을 보낸 거야. 나도 곧 그 나이가 되는 거지. 그래서 덴시따이 뽑혀갈까 봐 겁이 나 가지고, 허겁지겁 시집을 보낸 거야. 열여덟 때야. 아무리 급해도 혼인이니까 골라서 간다고 간 게, 시골로 갔어. 평양서 오십 리 정도 들어가는 시골이야. 외아들에 시어미만 있는 간단한 집으로, 골라 골라 보낸 거지. 내가 성격이 좀 쎄고 안 차분하니깐, 시집살이 안 할 거 같은 편한 집으로 고른 거지."

"그 약국 앞에 약국집 테레비를 내놓고 동네 사람들이 의자에 돗자리들까지 펴고 둘러앉고, 서고 해서 그걸 봤지. 그때는 세계 최초의 달나라 우주선이라고 난리들이 나서 테레비 장사가 아주 잘됐지. 그 직전에 나는 내내 있던 테레비를 도둑을 맞았던 거야. 노량진 살 때부터 우리는 테레비가 있었어. 아마 서울

와서 얼마 안 되고부터 있었을 거다. 내가 보고 싶어서 일찍부터 산 거지. 테레비 도둑도 대여섯 번은 맞았을 거 같아. 생각해 보면 어떤 거는 누가 가져갔는지 뻔한데, 내가 잡을 사람이 아니어서 안 잡은 거야. 그때 연속극들하고 노래들, 쑈프로들이 생각나네. 〈눈은 나리는데 산에도 들에도 나리는데〉, 〈사화산〉, 〈너도 사나이 나도 사나이 우리는 사나이다〉, 〈태양은 늙지 않는다〉, 〈아씨〉, 〈조선노동당〉…. 한번은 뭔 특집방송을 보는 중에 자막으로 "오늘 노동당은 쉽니다"라고 나왔는데 애들이랑 그 자막을 보고는 한바탕 웃었지. '후라이보이' 곽규석이 사회 보는 〈쑈쑈쑈〉를 하는 토요일 두 시면 동네 사람들이 우리 집에 모여 와서 그걸 보고 가기도 했었지."

"댄스홀 나가면서랑 미군들이랑 살면서, 애를 수도 없이 뗐어. 낳은 적은 없어. 생긴 거 같으면 병원 가서 진찰해서 떼구, 떼구 그랬지. 하나 있는 아들 키우기도 그렇게 힘든데, 아닌 말로 내 인생이 어떻게 될지 모르는데 어떻게 애를 또 낳냐구?"

구술 아카이브란 개인이나 집단의 기억을 입으로 말하게 하여 기록으로 남기는 것을 말한다. 이것이 역사가 되면 구술사가 된다. 현장의 발언이나 대화를 그대로 녹취해서 기록으로 남길 수도 있고 당시 기억을 떠올리며 구술할 수도 있다. 기억을 통한 구술사의 경우에는 주관적인 생각이 들어갈 수밖에 없는데 이 또한 구술 아카이브의 특징이다.

현장 녹취를 통한 기록관리는 국회나 민간단체에서의 회의, 학교 수업 등 현장을 녹취하여 문서로 남기거나 녹음 파일에 제목을 정하고 분류해서 관리할 수 있다. 인물 중심의 구술 아카이브를 구축할 때는 구술자 생전에 작업하는 일이 핵심이다. 기억을 보존하고 있는 자가 사라지면 구술사를 진행할 수 없기 때문이다. 그래서 구술 대상자 선정과 섭외가 시의적절하게 이루어져야 한다. 2014년 5월에 출간한 김용택 시인의 『나는 참 늦복 터졌다: 아들과 어머니, 그리고 며느리가 함께 쓴 사람 사는 이야기』를 통해 구술 채록의 방법을 알아보자.

김용택 시인의 어머니 박덕성(86) 씨는 요양병원에 입원 중이다. 며느리 이은영 씨가 간호하면서 시어머니와 나눈 이야기를 그에게 전했고 그는 재미있겠다며 녹음을 권했다. 그리하여 시어머니가 말로 풀어낸 이야기들을 며느리가 글로 옮겼고 김용택 시인이 엮어 에필로그를 첨부해 책을 출간했다. 다음은 책의 내용 중 시어머니가 구술한 내용이다.

"죽자니 냉큼 죽도 안 하고
손으로 뭣이라도
꼬무락꼬무락 했으면 좋겄는디
어느 날 며느리가 바느질감을 가져와서는
저놈의 것을 어쩌까 했더니

넘들은 잠만 자는디 나는 왜 일만 시키냐 했더니

한 가지 한 가지 해놓게 본 게

내가 봐도 좋더라."

입말이 살아 있는 문체를 사용하여 늙어가는 이의 일상과 인생이 고스란히 소리로 전해진다. 이들처럼 책으로 출간하지 않아도 좋다. 일단 스마트폰이나 녹음기에 녹음해 두고 간단한 날짜와 제목을 입력하는 것만으로도 후일 아카이브 작업을 할 수 있다.

구술은 글이나 사진 등 매체에 익숙하지 않은 사람들이 일상을 담기에 편한 방법이다. 이 때문에 국내에서도 자신의 경험을 구술해서 남김으로써 현대사의 귀중한 사료가 되는 자료들이 증가하는 추세다. 인사동에서 한정식집 '한성'을 경영했던 정재영 씨의 구술을 담은 『주민생애사를 통해 본 20세기 서울 현대사』가 좋은 예다. 그가 일생을 구술함으로써 당시 돈암동, 제기동에서 약국을 운영했던 사람의 증언과 서울의 생활사를 살펴볼 귀중한 자료가 생겼다. 이렇듯 작지만 생생한 물줄기들이 구술 아카이브에 담겨 거대한 역사의 바다로 흘러간다.

서준호 선생님의 마음 흔들기, 블로그로 기록을 공유하다

서준호 선생님은 교직 생활을 시작하며 학교 홈페이지에 교사 일기를 썼다. 학교 홈페이지에 쓴 교단 일기는 학부모와의 소통에 큰 도움이 되었다. 그런데 홈페이지가 해마다 개편되면서 기록도 같이 사라졌다. 그는 기록을 보존하고자 아카이브 매체로 블로그를 선택했다. '서준호 선생님의 마음 흔들기' 블로그에는 수업 이야기, 학생들과의 소소한 대화, 수업안과 활용법 등 교실 안에서 벌어지는 일상이 기록된다. 주로 학부모와 동료 교사가 방문한다. 청소년기 자녀를 이해하기 위해 자녀와 함께할 수 있는 활동에 대한 문의도 활발하다. 교사의 교단 일기는 자신과 수업을 돌아보는 계기가 될 뿐만 아니라 학생과 학부모 사이에 단단한 마음의 다리를 놓기도 한다. 이 다리에서 마주치는 일이 잦을수록 서로 이해하는 폭이 넓어진다.

자서전 쓰기로 세대 간 소통을 꿈꾸다

일제강점기와 한국전쟁을 경험한 세대는 자신들의 고단했던 삶을 젊은 세대에게 이야기하고 싶어한다. 하지만 젊은 세대들은 그들의 이야기를 고리타분한 옛이야기로 취급한다. 어디든 세대 차이는 있으니 그러려니 할 수도 있다. 하지만 조선 말 신분사회의 해체와 개화기, 일제 식민지와 해방, 그리고 이어진 한국전쟁, 급속한 산업사회로의 전환, 경제발전 가속화로 찾아온 풍요 등 급격한 역사적 변화를 겪은 사회의 특징까지 더해져 한국 사회에는 좁힐 수 없는 세대 간 간극이 발생했다. 절대적 곤궁을 해결하고자 평생을 바친 세대로서는 경제적 풍요 속에서도 방황하는 오늘날 젊은이들의 나약한 정신세계가 못마땅하다. 젊은이들은 급격한 사회 성장 속에 상대적으로 기회가 많았던 구세대의 상황을 부러워한다. 이렇듯 세대 간 다른 경험은 이해의 폭을 좁히고 갈등의 폭을 깊게 한다.

동시대를 살았어도 마찬가지다. 경제적 여건에 따라 한 시대에 전혀 다른 삶을 산 이들도 있다. 서울 관악구에 사는 윤홍관 할아버지는 고향이 두 곳이다. 평안북도 정주와 서울시 관악구. 그는 한국 전쟁 당시 고향 정주를 떠나 관악을 제2의 고향으로 선택했다. 월남 한 지인들은 이제 모두 세상을 떠나고 없다. 그는 88세로 관악구 '어르신 자서전 제작지원 사업'에 참여해 자신의 인생 이야기를 기록했다. 2011년부터 시작한 '자서전 쓰기'는 윤 할아버지 외에도 만 65세 이상 노인 24명이 참여했다. 삼대가 200년 넘게 관악구 봉천동에 거주한 김기선 할아버지는 『서울 토박이의 현대사여행』이란 제목으로 인생을 회고했다. 빨치산으로 살았던 84세 박정덕 할머니는 『바람에 꽃잎은 져도』를, 40년간의 교직 생활을 한 이의홍 할아버지는 『그리움과 함께 살아온 날들 달빛에 담아』를 출간했다. 직접 쓰기가 어려운 경우에는 인터뷰와 구술을 통해 자서전을 완성했다. 거창한 역사책에서는 결코 발견하기 어려운 이야기들이다.

개인의 하루를 모아 집단의 하루를 완성하다

5월 12일이면 영국 서섹스 대학에는 수많은 일기가 도착한다. 대학은 2011년부터 매년 5월 12일 하루 동안의 일기를 영국 전역에서 받아 자체적으로 구축한 일상 아카이브Everyday Life Archive에 보관한다.

1937년 인류학자 세 명이 관찰자, 자원봉사자, 작가 등으로 팀을 꾸려 1950년대까지 영국인의 일상을 기록화한 것을 보고 시작한 프로젝트다.

기록이 낱낱이 흩어져 있으면 그 모습이 무엇인지 알기 어려울 때가 있다. 평범한 개인의 기록이라면 더욱 그렇다. 이러한 현상은 방송이나 언론 혹은 정치인들의 힘이 센 사회에서는 더욱 심해져 어떤 목소리가 소수이고 어떤 내용이 다수인지 파악하기 어렵다.

2013년 5월 12일 명지대 디지털 아카이빙 연구소 역시 "당신의 5월 12일을 보관해 드립니다."라는 문구로 일기를 수집하기 시작했다. 유치원생은 그림일기, 할아버지는 전화 녹음, 주부는 사진, 중고생은 낙서, 군인은 입소 때 엄마에게 보내는 소포에 함께 넣은 쪽지 등 수집을 광범위하게 하되 연령층과 대상에게 맞는 방식을 선택할 수 있게 했다. 방식만큼 내용 또한 다양하여 미처 생각지 못했던 우리네 일상의 폭과 깊이에 놀라지 않을 수 없었다. 하루 동안 먹은 음식, 입은 옷, 만난 사람, 했던 생각을 저마다 다른 방식, 다른 내용으로 담을 수 있게 한 결과 불과 2주 만에 600여 건이 모였다.

이렇게 모인 자료를 통해 살펴본 대한민국의 일상은 예상보다 훨씬 다채로웠다. 전국의 학생들이 모두 학원에 있지도 않았고 모든 직장인이 회사에 있지도 않았다. 언론을 통해 보도용으로 가공되는 모습이 아닌 '있는 그대로의 일상'이 드러났다. 가치 없어 보이는 개개인의 기록 뭉치지만 여기에서 당대 '참된 일상사'를 확보할 수 있다. 한국 사회의 지도를 다시 그릴 수도 있다. 기관에서는 연령대별 혹은 단체별로 특정 하루의 기록을 보관하고, 도서관에서는 지역별로 보관하고 관리하여 전시회를 열어도 좋을 것이다. 나의 하루가 타인의 하루와 만나 다른 사회의 하루를 만들어가는 경이로운 발견, 이것이 바로 일상 아카이브의 가치다.

자서전 쓰기는 살아온 과거를 회상하며 자신의 삶을 정리하는 방법이자 경험과 세대가 다른 이들과 소통하는 방법이다. 평범한 우리네 삶이 연결되고 이어진다. 역사의 각 장은 우리가 각각 자신의 삶을 사느라 좌충우돌하며 써 놓은 거대한 일기 모음일 수도 있다. 다른 사람들의 고군분투한 일기를 읽음으로써 나의 세계에 대해 확신할 수 있다. 그리고 때로는 그 안에서 희망을 발견한다. 시니어센터, 노인대학, 도서관 등에서 노인들의 자서전 쓰기가 활발하게 진행되는 까닭이다. 동시대에 전혀 다른 사회·경제적 배경으로 살았던 이들의 생을 기록해야 사회 전체의 흐름을 제대로 파악할 수 있다. 그들이 사라지기 전에 기록해야 한다.

기록되는 삶으로 우리는 다시 존재한다. 개인의 기록이 사회의 기록이 되고 사회의 기록은 다시 개인의 삶에 영향을 미친다. 마침내 질적 변화가 일어난다. 변화는 새로운 기록을 만들며 우리네 삶은 더 강건해질 것이다.

2. 모든 공간에는 시간의 흔적이 남는다

지역을 기록하는 사람들

잃어버린 시대의 작가를 찾아서

문화란 공동체가 무엇을 기억하고 무엇을 잊어야 하는지 제안

해주는 장치다.

－『작가란 무엇인가 1 Paris Review Interview Anthology: Volume 1』 중에서

충주 주덕읍 하늘문고에서 독서동아리를 하던 중 홍구범 작품의

실제 배경터가 인근에 있다는 이야기를 들었다. 작가 홍구범은 일제

강점기와 해방 이후 격동기, 궁핍한 시대를 살아간 보통 사람들의 이야기를 있는 그대로 묘사한 단편을 여러 편 발표하여 그의 나이 29세이던 1949년에는 화제작 제조기라는 명성을 얻을 만큼 문단의 기대가 뜨거웠다. 1950년 「작가일기」가 중학교 교과서에 실릴 정도였다. 그러나 전쟁이 나던 1950년에 당시 서울을 점령한 북한의 보안서원(보안원)에게 끌려가 소식이 끊긴 이후 사람들의 기억에서 잊혔다. 이런 까닭에 작품의 우수성이나 작품이 지닌 의미와 상관없이 한국문학에 없었던 사람이 되었다. 충주시 교현동에 있는 충주 문학관에 작품이 소개되고 있으나 대중적으로 접하기란 쉽지 않다. 「귀거래歸去來」는 해방 전 주덕읍의 양조장을 배경으로 쓴 아주 짧은 단편소설이다. 1930년대 세워진 건물은 1940년대부터 양조장으로 쓰이기 시작했다. 홍구범은 충주 신니에서 태어났고 양조장이 있는 주덕읍은 아내의 고향이다. 해방 후 어수선한 시절, 서울에서 글을 쓰다가 주덕에 잠시 내려와 양조장에서 일을 하며 단편소설 「창고근처 사람들」과 「귀거래」를 썼다.

「귀거래」 내용은 이렇다. 서울 사람 순구는 이사를 열두 번 할만큼 세상살이가 팍팍하여 시골은 좀 괜찮을까 여겨 무작정 고향 시골에 내려왔다. 운이 좋게도 아는 이가 고향 읍내 양조장 운영을 해보자고 한다. 얼마 지나지 않아 틀도 잡히고 이익도 생겨 서울에서 진 빚을 갚고 좋은 시절이라고 했는데 박성달이 나타나 모든 것을 망쳐놓았다. 처음에는 전 양조장 주인을 아는체하며 돌려줄 돈이 있다고 하더니 나중에는 막걸리만 공짜로 얻어먹다가 급기야 일거리를 달란다. 박성달을 경계하던 순구도 차츰 안면이 생기고 그의 곤궁한 이야기를 들으며 저도 모르게 마음을 조금씩 열었다. 이윽고 양조장 운영에 제일 중요하고 어려운 일인 쌀과 장작 마련에 그를 거간꾼(중간상인)으로 삼는데 이게 결국 탈이 나고 만다. 쌀을 좋은 값에 댄다며 박성달이 소개한 이도 박성달도 순구를 속여 자신의 잇속을 챙겼다. 이 과정에서 순구는 마음고생을 호되게 한다. 행여 돈을 떼이면 어쩔까 염려하여 밤에 잠이 오지 않을뿐더러 제 손해가 불어날수록 상대방에 대한 분노가 커졌다. 박성달에게 돈을 제때 갚으라고 화를 내는 자신을 발견한 순구는 남에게 속았다는 사실보다 더 큰 손해를 안 보려 그자를 몰아세우는 장사꾼 '나'에 실망한다. 이해득실을 따지다 제 삶도 사기꾼처럼 될까 저어한다. 결국 그 좋던 양조장 일을 마다하고 도로 서울로 올라간다. 그래서 제목이 돌아간다는 뜻의 「귀거래」다.

태양이 뜨거운 오후 읍내, 사람이 드문 골목을 몇 번 돌다가 마당이 아름다운 양조장을 찾아들었다. 작약이 진 마당에는 감나무잎이 윤을 내며 반짝였다. 마당을 가르는 긴 빨랫줄에 하얀 이불이 널려 있었다. 평상에 가득 펼쳐진 표고버섯이 봄에서 여름으로 넘어가는 시절임을 말해 준다. 주덕 양조장이 있는 골목은 큰길에 붙어 있지만 읍내와는 전혀 다른 공간이다. 1950년대로 시간 이동을 한 듯하다. 함석지붕의 목조집과 큰 항아리와 오래된 나무들이 조용하지만 굳건하게 서 있는 마당을 본 이들은 모두 입을 모아 말한다.

"흡사 시간 여행을 하는 것 같아!"

양조장에 딸린 집인 줄도 모르고 작약이 활짝 핀 정원에 넋이 나가 주인에게 묻지도 않고 마당을 구경하다 현재 양조장을 운영하는 사장님을 만났다. 작가의 작품을 읽고 찾아 왔다고 했더니 반겨 맞으시며 홍구범이 20대 초반 소설을 썼던 당시 모습 그대로 보존된 양조장 사무실로 안내하셨다. 「창고근처 사람들」의 시대 배경인 1940년대가 그렇게 느닷없이 눈앞에 나타났다. 이윽고 그리 오래되지 않은, 그러나 잊힌 시절의 이야기가 흘러나오기 시작했다.

"우리 형제가 넷인데 다 여자형제고 나만 남자예요. 큰 누님이 홍구범 작가와 결혼을 했어요. 당시 아버지께서 열여덟의 홍구범을 보았는데 아주 눈이 맑고 반짝였다고 해요. 집에 가보았더니 온 사방에 책이 가득해서 역시 남다르구나 그리 생각하고 큰 누님과 결혼을 시키셨지요. 누님과 난 열네 살 터울인데 당시 난 4살이었어요. 그 아래 누님이 저기 알려나 모르겠지만, 세종주조라고 유명한 양조장이 있는데 그리로 시집을 갔죠. 이 사진이 당시에 찍은 몇 안 되는 사진인데, 특히 이 장면이 생각나요. 사진을 찍느라 펑 소리가 나자 내가 막 울었대요. 아버지께서 나를 안고 '저기 새 간다'라고 말을 해서 그 말에 새 날아가는 쪽을 보며 울음을 뚝 그쳤는데 그새 사진을 찍었죠. 여기 작은 사람이 홍구범, 매형이에요. 나는 너무 어렸고 당시에 누님도 홍구범이란 사람이 그리 뛰어난 소설가인 줄 몰랐죠."

이 사진은 현대문학에서 출간한 『홍구범 전집』에 실려 있다. 홍구범의 처조카인 김재식 주녁 양소상 사상은 사무실에 그의 작품집을 쌓아두고 있었다.

"매형은 이미 작가로 살겠다고 맘을 먹고 있었어요. 그때 김동리 씨가 경상도 어디에서 글을 쓴다는 소식을 듣고는 곧장 가서 문하생이 되기를 청했다고 해요. 김동리 씨가 보니깐 글을 아주 잘 쓴다 말이지, 계속 쓰면 대가가 될 것이라고 곁에 두고 그리 아꼈다고 해요. 그때부터 매형은 김동리를 따라 서울에 가서 본격적으로 글을 쓰고 오영수니 김성한이니 손소희니 하는 문인들과 교류하면서 지냈죠."

홍구범은 이때 김동리, 조연현, 모윤숙과 함께 문예지 〈문예〉를 창간하고 청년문학가협회 회원으로 활동하였으며, 〈민중일보〉 기자였다. 그러나 김동리나 모윤숙의 작품과는 전혀 다른 길을 걸었다.

> 「쌀과 달」, 「서울 길」이 해방 직후의 궁핍한 상황을 배경으로 하고 있는 데 비하여, 「농민」은 식민지 시대를 배경으로 삼고 있어서 농민의 삶이 더 고통스럽다.
>
> ─ 『홍구범 전집』, 「창고근처 사람들」 중에서

"서울에 갈 때 여기 살림을 다 정리해서 올라갔는데 시어른들도 같이 올라갔대요. 시댁어른들과 같이 살면서 자유롭게 행동하기 어려운 부분이 있었나 봐요. 갑갑할 즈음이면 매형이 회사에서 일이 있다고 하고는 누님을 불러내서 어른들 몰래 창경궁 같은 데를 구경시켜 주곤 했다고 누님이 그랬어요. 그런 얘기를 들어보면 매형이 아주 감각이 있었던 모양이에요. 근데 아버지 입장에서는 똑똑해 보여서 딸과 결혼을 시켰더니 글만 쓴다고 하고 종일 그러고 있으니 걱정이 되더래요. 그때만 해도 글만 쓰는 사람이 없었잖아요. 이제 겨우 스물 초반인데 알지도 못하는 김동리에게 가서 다짜고짜 글쓰기를 배우겠다는 하고 죽 글만 쓰니 하는 수없이 여기 양조장에 와서 회계일을 보라고 불러들였죠."

「귀거래」에는 이 대목이 다음과 같은 상황으로 등장한다.

참말 뜻밖으로 내려가자마자 어떤 친척의 혜택을 입어 하루
아침에 시골서는 제일 돈을 잘 벌 수 있다는 촌으로 비교적
큰 술 양조장을 맡아보게 되었다.

"그때 딱 1년 여기 있으면서 작품을 썼는데 그게 바로 「귀거래」와 「창고근처 사람들」이에요. 여기 이 사무실에 침상을 놓고 먹고 자고 하면서 글을 썼어요. 저 옆에 매형이 쓰던 책상이 아직 그대로 있어요. 당시 서울에 살면서 빚도 많았는데 여기 와서 그 빚도 다 갚아 살기가 괜찮았죠. 그런데 바로 다음 해 서울로 올라갔어요. 자기는 글을 써야 한다는 거예요. 그 현대문학에서 나온 『홍구범 전집』에 실린 글은 그즈음에 다 썼어요. 불과 몇 년 만에 엄청나게 썼죠. 살아 있었으면 더 많은 작품을 썼을 텐데…. 그때가 이십 대였으니 사

오십 대까지 살아 있었으면 얼마나 많이 썼겠어요. 전쟁이 났어도 북한이 서울을 점령했지만 자신의 작품이 사실주의적 내용을 담고 있기 때문에 별걱정을 안 했다고 해요. 그런데 그만 보안서원이 연행해서 수사를 했는가 봐요. 처음에는 풀려났다가 두 번째는 행방이 묘연해졌어요. 6.25전쟁 때 누님더러 아이들과 먼저 주덕에 가 있으라고 자기는 자료도 좀 정리하고 챙겨서 곧 따라가겠다 했는데 그만 미아리에서 납치되었어요. 그 후로 여러 차례 북한에도 알아보고 했지만 아직도 죽었는지 살았는지 아예 기록이 없어요. 제사를 안 지내요. 살아계시면 아흔이 넘었겠지만 살았는지 죽었는지 확실치 않으니 제사를 지낼 수가 없지요. 우리 가족들도 그러고는 살기에 바빠서 다 잊었죠.

제가 나중에 서울에서 대학교에 다닐 때 매형이 생각나서 김동리 작가를 수소문해서 찾아갔죠. 김동리 작가라면 아는 게 분명히 있을 것이라 생각했어요. 당시에 매형을 무척 아껴서 옆에 두고 기대가 아주 컸다 들었거든요. 그런데 마침 제가 김동리 작가를 찾았을 때 이미 그분이 건강이 안 좋아서 병원에 입원해 산소마스크를 하고 있어 자세히 물어볼 상황이 아니었어요. 게다가 매형과 같이 활동하던 손소희 씨도 안 계셔서 더 이상 이야기를 할 수 없었어요. 그렇게 또 아무것도 못 알아낸 채 세월이 흘렀어요. 그런데 신경림 시인이 향토작가에 관심을 가져서 매형에 대한 자료를 많이 모았어요. 원고와 각종 연재된 작품들을 이만큼 모아 연구를 제대로 해서 발표를 하겠다 했는데 아! 5.16 당시에 보안사에 끌려가면서 그동안 모은 자료도 몽땅 압수당해버렸지요. 에휴 그렇게 또 사라지나 보다 했는데, 몇 해 전에 청주에 권희덕 교수가 매형의 작품을 연구해 박사학위를 받겠다고 자료를 모으기 시작했죠. 그래서 이렇게 전집도 나오고 우리 집안 고향 터전에 문학비도 생겼죠. 하지만 잃어버린 원고가 더 많은 듯해요. 매형이 쓴 작품을 읽고 찾아오는 이가 있어 참 좋네요. 우리 가족들은 나도 그렇고 홍구범이 우리 매형이긴 해도 작품이 좋은지 잘 몰랐고 그렇게 뛰어난 작가인 줄도 몰랐거든요."

우리가 없어지면 그 시절도 영원히 사라질 것이다

우리에겐 1940, 50년대를 사실적으로 묘사한 작품이 없다. 사회가 몹시 혼란스럽고 급변하는 때라 당장 먹고사는 일이 시급했다. 갑작스럽게 해방이 됐고 정국은 이승만 정권과 한국 수립에 대한 이견으로 분열되었다. 글을 쓰겠다고 달려드는 이가 적은 것은 당연했다. 사실적으로 묘사한 작품은 더 귀했다. 홍구범의 작품이 새롭게 조명받는 이유다. 게다가 그의 글은 관념적이지 않아 입말이 모두 살아있다. 낭독을 해 보면 알 수 있다. 당시의 말을 그대로 사용했기 때문에 언뜻 알아듣기 어려운 대목도 많다. 하지만 그의 작품이 아니었다면 당대의 삶을 어떻게 알겠는가!

"이게 뭐 대수로운 일인지 모르겠지만 이제 내가 사라지면 기억들도 다 사라지겠지요. 우리 세대가 죽으면 묻히는 거지요. 나도 이렇게 띄엄띄엄 기억하는 일이니 당연하지 않겠어요? 그게 안타까울 따름입니다."

홍구범 작가는 결혼할 즈음 네 살이었던 처남을 귀여워했다고 했다. 네살박이 귀여운 아이였던 홍구범의 처남은 서울에서 대학을 졸업하고 직장 생활을 하다 은퇴 후에 고향에 내려와 양조장을 지키고 있다. 그는 오래전에 촬영한, 그래서 군데군데 토막 난 필름처럼 장면만 남은 자신의 기억과 권희덕 교수가 조사한 자료, 향토작가로 관심을 갖고 자료를 모았던 신경림 시인과 왕래하면서 나누었던 대화, 누님으로부터 들은 에피소드들을 옛이야기 하듯 들려주었다.

70년도 더 된 공간에서 전해 들은 그만큼 오래된 이야기에서 깨어나지 못하고 허둥거리는 내게 그는 당시 홍구범 작가가 쓰던 책상과 「귀거래」에 등장하는 문제의 금고를 보여주었다. 양조장 앞으로 도로가 나면서 양조장이 반 토막 나는 바람에 사무실이 잘렸다. 금고가 있던 자리는 사람이 겨우 들어갈 정도의 공간만 남았다. 건물 밖 벽에는 양조장 초기에 만들어 건 간판이 그대로 있었다. 당시 전화가 두 대 있었는데 국번 없이 수화기를 들고 돌리면 교환이 받아서 번호를 알려주고 연결을 요청하던 시절이라 전화번호에 국이 없었다.

그는 건물 이곳저곳뿐만 아니라 양조장 시설도 보여주었다. 당시에는 난방을 위해 천장에 겨를 넣었는데 지금도 여전히 왕겨가 가득했다. 술독이 있는 사입실에는 국악이 흘렀다. 클래식 음악을 틀기도 한단다. 24시간 주파수를 93.1 클래식 채널에 맞춰두기도 하고 좋아하는 음악을 따로 준비하기도 한단다. 본인이 음악을 좋아하기도 하고 음악을 전공한 부인의 영향으로 온종일 음악을 듣는다고 했다. 음악을 들으면 사람도 기분이 좋아지듯이 살아 있는 미생물도 흥이 날 것이라 했다. 1973년도에 생산되었다고 새겨진 항아리 속 고두밥 위로 뾰록뾰록 방울이 터졌다. 술독에는 술이 익어가고 하얀 빨래는 여전히 미풍에 흔들리고 우리가 놓인 공간은 전혀 현실적이지 않았지만 '만남'은 실재였다.

주덕 양조장을 나와 집으로 돌아가는 길에 주덕역에 들렀다. 주덕역은 충북선의 시작점으로 1928년 개통된 이래 일본군이 충주의 넓은 들에서 쌀을 수탈하던 곳이었다. 홍구범의 단편「창고근처 사람들」에는 일제강점기 고단했던 삶이 민낯으로 드러난다. 소설에는 주덕역 오른쪽에 큰 창고가 있다 했다. 조합장이 제 아들 앞으로 나온 징용을 피하려고 가난한 조합원을 속여 군대에 보냈다. 가족들의 끼니와 형편을 살피겠다 약속한 것이다. 약속은 지켜지지 않았고 남겨진 아내와 가족들은 굶주림에 병이 들었다. 큰 창고에 쌀이 가득 쌓여 골목에 넘쳐 쥐들이 들락거릴 정도여도 조합장은 그네들에게 쌀 한 톨 내어주지 않았다. 주덕역 앞에 차를 세우고 그리 큰 창고가 어디 즈음일까 살폈으나 알 길이 없었다.

하지만 뜻하지 않은 곳에서 예기치 않은 사람들을 만나, 사라져 가는 것들의 기억과 기록을 함께 더듬어 가는 일들은 참으로 귀하다. 4, 50년대 우리 사회를 사실적으로 그린 홍구범의 소설은 단지 옛 시절의 이야기가 아니다. 소설 속의 삶과 등장인물에 대한 이해와 공감은 현실의 삶을 어떻게 살 것인가에 대한 단초를 제공한다. 우리는 소설을 통해 깊이 있게 살도록 요구받는다. 소설을 푯대로 삼아 떠나는 여행, '소설 유람'은 우리 앞에 놓인 땅을 굳건하게 다져주리라.

'문학은 우리네 담을 크게 키운다'고 한 중국의 소설가 모옌莫言은 2015년 베이징 동아시아문학포럼에서 이렇게 말했다.

> "독립적 사고방식을 고수하고 대세를 따르지 않으며 여론에 좌우되지 않고 양심껏 발언하며 일을 할 수 있다는 점에서 문학은 사람의 담을 크게 한다. 또한 그러기 위해서는 반드시 생활 속으로 파고들어 가야 한다."

그러니 우리가 읽는 소설은 공간과 공간 사이를 부유하지 않고 단단하게 현실 속으로 파고들 것이다. 소설을 읽어 크게 키운 담이 우리를 그리 만들어주리라 믿으며 또 길을 떠난다.

홍대 앞을 스케치하다

이번에는 소멸하기 전, 현재 공간에 담긴 의미와 가치를 발견하고 기록하는 사람을 만나보자. 홍대에서 20년 동안 활동한 양윤희 씨는 매일 홍대 앞에서 일어나는 일들을 기록한다. 홍대 거리는 끊임없이 생성과 소멸을 반복한다. 홍대 앞을 스케치하는 일은 한국 문화의 상징과 그 흐름을 촬영하는 것이다. 그는 이렇게 말한다.

"모든 공간에는 시간의 흔적이 남는다. 그리고 공간은 사람과 다양한 관계를 맺는다. 홍대 앞이라는 공간을 만들어가고 있는 사람, 공간, 그리고 공간과 공간 사이를 연결해 주는 거리를 기록할 필요성을 느꼈다."

– 〈스트리트H〉 73호 인터뷰 중에서

그는 홍대 앞 문화지도 프로젝트를 계기로 1990년대 홍대 앞을 연구하게 되었다. 2001년 '걷고 싶은 거리'로 조성되기 전 홍대 앞은 지금과는 완전히 달랐다. 당시에는 오래된 철길 옆으로 낮은 주택가 골목이 이어졌다. 홍대보다는 신촌과 이화여대 앞으로 젊은이들이 몰렸다. 상대적으로 조용했고 먹자골목과 옷 가게가 드문드문 있었다. 리치몬드 제과점 옆으로 사회과학 전문서점 '이어도'가 있었고 막 286 컴퓨터가 보급된 1988년에는 우리나라 최초 사이버 카페 '일렉트로닉'이 있었다.

라이브클럽 '롤링스톤즈', '스팽글', '쌈지스페이스 바람'이 있던 시절 홍대 앞에 대한 자료를 찾는 일은 생각보다 쉽지 않았다. 잡지 몇 편, 팸플릿, 관계자의 기억이 전부였다. 그때의 경험으로 오늘의 홍대 앞을 기록한다. 홍대의 과거를 기록한 자료를 찾고 그 자료를 연결하며 다양한 문화 주체들이 모여 있는 문화족보 혹은 문화지도를 만들고 있다. 서울이 아닌 지역의 기록들도 출판사나 도서관이 주축이 되어 수집하는 중이다. 경남 통영에 있는 지역 출판사 남해의 봄날은 통영 사람들의 이야기를 출판할 뿐만 아니라 장인들을 수

소문하여 작품과 작업 역사를 물어 '장인 지도'를 만들었다. 동네를
가로 지르는 깅의 기록을 아카이브하며 이주민과 원주민의 삶을 잇
는 동네 도서관 사람들도 있다.

사진으로 대천마을의 어제와 오늘을 잇다

부산 북구 화명동 대천마을은 원래 농사를 짓던 시골 마을이었
다. 신도시 택지개발사업 이후 아파트가 들어서며 신도시로 변했는
데 이후 입주한 아파트 사람들은 대천마을의 옛 삶을 몰랐다.

> 천(川)이 있는 동네하고 없는 동네는 천지 차이입니다. 대천천
> 이 있음으로 해서 화명동 4개 마을, 금곡동 4개 마을 중에 대
> 천마을이 제일 큰 동네가 됐어요. 살기가 좋고 경치가 좋으니
> 까 전부 다 여기 살라고 사람이 모여들었어요. 그만큼 대천리
> 가 옛날부터 화명동의 중심도시였고. 인구가 많으니 국민학교
> 도 여기 생겼고, 파출소도 여기 생겼고, 우체국도 여기 생겼
> 고, 동사무소도 처음에 생길 때 여기 생겼어요.
>
> – 『대천마을, 사진을 꺼내 들다』 중에서

대천마을에 자리 잡은 맨발동무도서관은 동네 어르신들의 옛날
사진과 이야기를 모으기 시작했다. 8개월 동안 사진 170여 점이 모
였다. 대천마을의 유래와 역사, 윤 씨와 정 씨 집성촌이었던 시절의

문중 사진, 대천천과 용동천, 불송곡천 등 마을 물길이 담긴 사진, 대천교, 화명교, 산성로의 마지막 관문인 불송교 등 마을 다리 사진, 물난리로 고생했던 장면, 1960년대의 대천 지역개발 시기의 사진, 1980년대 택지개발 지구로 지정된 이후 아파트가 들어서며 급격한 변화를 겪는 모습, 양달마을, 음달마을, 용동골 등에 남아 있는 경부선 철길과 마을 나무 사진 등은 마을의 어제와 오늘을 그대로 담고 있었다. 사진을 찍을 당시 사연이 구술로 채록되고 윤희수 할아버지가 몇십 년 동안 써온 일기가 더해졌다. 다음은 2013년에 열린 '대천마을 사진 아카이브 전시전'에 전시한 글이다.

단기 4292년 양력 9월 17일(음력 8월 15일) 목요일 폭풍우.
태풍 14호 매석. 재작년에 칠석물, 작년에 태풍 2호, 금년에 태풍 14호. 정말 못 살겠다. 간밤부터 오던 폭우가 아침부터 세어지더니 제사를 모시고 나니까 천변의 집들은 제사를 못 지내고 살림을 옮긴다고 야단법석이다. 정오를 조금 넘으니 숙지막하여 동리를 돌아보니 피해는 작년, 재작년과 마찬가지다. 연연히 이런 피해가 닥쳐오니 정말 못 살겠다. 공창부락에는 사람이 죽었니 어떠니 하는 소문이 난다.

- 1959년 일기 중에서

단기 4295년 양력 10월 17일(음력 9월 19일) 수요일 맑음.
뒷밭에 마늘 파종한다. 어머니 매부댁에서 귀가한다. 은어 50원어치 사서 국을 끓여 먹고 저녁은 은어 찐쌀죽을 끓여 먹는다.

- 1962년 일기 중에서

자연스럽게 마을의 과거와 현재가 이어졌다. 젊은 사람들은 몰랐던 마을의 역사를 알게 되고 원주민들은 마을의 역사를 스토리텔링할 기회를 얻었다. 이를 통해 서로 이해하면서 공감대를 형성할 수 있다. 맨발동무도서관의 사례처럼 글쓰기에 부담을 느끼는 사람들이 많은 때는 사진과 그에 대한 설명을 곁들이는 방법으로 아카이브 작업을 하면 보다 쉽게 기록물을 구축할 수 있다.

스카이 섬 빌&수지 로렌스 갤러리, 기록을 일상의 공간으로 이끌다

2013년 스코틀랜드 북서쪽 스카이 섬에 갔을 때 자신이 그린 그림으로 갤러리를 운영하는 빌 로렌스를 만났다. 당시 81세였던 그는 그림을 그리고 아내 수지는 사진을 찍었다. 이들은 28여 년 전 스카이 섬 트로터니쉬 지역의 아름다운 풍경에 반해 이곳에 정착했다. 'Trrotternish Art Gallery'라는 이름이 붙여진 그의 갤러리는 밖에서 보았을 때 너무 작아서 자동차로 여행하는 사람들은 이 작고 소중한 기록의 공간을 못 보고 지나치기 십상이다.

작은 마당이 있는 그 공간은 갤러리이자 주거지이며 작업실이었다. 갤러리 간판을 보고 내렸을 때 집이 너무 작아서 여행 책자에서 소개한 집이라고 생각하기 어려웠다. 내가 방문했을 때 그는 스카이

섬 어딘가를 색연필로 묘사하고 있었다. 그리고 그곳 이름을 그림 아래 적었다. 같은 그림 여러 장을 다양한 크기로 그려 전시하고 갤러리를 방문하는 사람들에게 판매하기도 했다. 38년째 그림을 그리고 있다는 그의 말에 호기심이 동해 몇 가지 질문을 던졌다.

"그림은 어떻게 그리게 되었나요?"

"취미로 시작했다가 지금은 매일 그립니다."

"주로 어떤 장면을 그리세요?"

"이 섬에서 내가 사랑하는 곳을 골라 그립니다. 시간이 흐름에 따라 달라지는 모습을 담기도 하고요. 하루도 거르지 않고 그렸더니 섬 대부분을 그릴 수 있었지요. 이 섬은 어디를 가도 아름다워요. 여행을 왔다가 평생 이곳에 살고 싶다고 생각했을 정도였으니깐요. 정말 아름다운 곳입니다. 사진을 찍거나 그림을 그리고 싶게 만드는 곳이지요."

"그래도 그림을 매일 그리는 일이 쉽지 않으실 텐데요?"

"여러 가지 방법으로 그림을 그려 보다가 손쉽고 꾸준히 할 수 있는 방법을 찾았어요. 구하기 쉬운 아트지에 연필로 밑그림을 그린 후에 색연필로 색을 입힙니다. 색연필은 연필깎이로 깎고 종이는 큰 아트지를 사서 그림 규격에 맞게 잘라서 사용하지요. 그림을 씌우는 커버도 대부분 비닐로 깔끔하게 싸기만 합니다. 내가 직접 해야 하니까요. 비닐을 많이 싸두고 칼로 잘라서 테이프로 붙이면 간단하면서도 오래 그림을 보관할 수 있어요. 내가 할 수 있는 방법이 제일 좋지요. 그림 크기가 크거나 잘 보관해야 하는 경우에는 액자로 만들지만 그런 경우는 일이 많아요. 액자를 하는 곳에 보내야 하고 비용도 많이 들지요. 주로 갤러리를 지나가는 관광객들이 그림을 사 가는데 액자 형태로는 짐에 넣기도 어렵고요. 하지만 이렇게 하면 관광객들도 쉽게 그림을 짐에 넣을 수 있고 나도 오랫동안 손쉽게 관리할 수 있습니다. 할 수 있는 만큼, 그대신 매일 꾸준히 하려고 노력하지요. 우리 집은 작습니다. 1층은 갤러리이고 2층은 집입니다. 매일 아래층으로 내려오는 일이 출근이지요. 마당도 구경하고 가세요. 작지만 꽃이 많아요. 올해 유난히 겨울이 길어서 이제 꽃들이 올라오고 있거든요."

스코틀랜드는 게일어를 사용한다. 스카이 섬에는 게일어 학교가 있어서 영국에서 게일어를 배우려는 사람들이 이곳에 올 정도로 게일어 문화 전통을 이어가고 있었다. 그중에서도 특히 트로터니쉬 지역은 스카이 섬에서도 게일어가 제일 강하게 남아 있는 곳이라고 했다. 빌 로렌스가 스스로 좋아서 시작한 풍광 그림은 스카이 섬의 시대적 변천사를 보여주는 기록물이 되고 있었다. 그의 작은 갤러리는 취미와 삶과 생계가 동시에 이루어지는 현장이었으며 지속적으로 가능한 일상의 기록물 관리 방법을 체험하는 공간이었다. 그의 말처럼 간결하고 쉬운 방식이어야 오래 할 수 있다.

광주1930, 1930년대 광주를 기록하다

광주에 있는 사직도서관 3층에서 내려다보면 마치 타임머신을 타고 1930년대로 돌아간 듯한 착각을 일으키는 양림동이 보인다. 광주비엔날레 시민참여프로그램 참여단체인 '광주 1930'은 시간을 거슬러 모던보이와 모던걸이 활동하던 시절의 동네를 기록한다.

양림동은 버드나무가 숲을 이루어 '양림동楊林洞'이란 이름을 얻었는데 1904년 미국인 선교사 유진 벨과 클레멘트 C. 오웬 등이 선교 활동을 시작하면서 '선교사 마을'이라고도 불렸다. 선교 활동을 양림동에서 시작한 까닭은 당시에 그곳이 공동묘지였기 때문이다. 종교적 박해가 심했던 시대에 묘지터는 유교로부터 시선을 피할 수 있고 상대적으로 토지 가격도 저렴한 적당한 장소였다. 덕분에 양림동에는 광주에 현존하는 최고의 서양식 건물 우월순 사택을 비롯하여 110년이나 된 양림교회, 1911년에 세워진 기독교 학교 수피아 여자 중고등학교, 선교사회복지기관이었던 충현원, 호남신학대학교와 기독간호대학, 한센병 환자들을 돌보다 폐렴으로 사망한 오웬 목사를 기억하기 위해 손자가 보내온 돈으로 세운 오웬 기념각 등 한국의 근현대사를 기념하는 건축물들이 나란히 세워졌다. 건물만 세워진 것이 아니다. 기독교 문화는 당시 젊은이들에게 서양의 근대 문명과 문물을 소개하는 통로였기에 자연스럽게 양림동은 개화기 신문물의 영향을 받은 젊은이들의 주요 활동무대가 되었다.

일본에 항거하는 독립운동 또한 이곳에서 일어났다. 양림동에는 서양의 근대 건축물뿐만 아니라 최승효 가옥과 이장우 가옥 등 개화기 한옥의 모습 또한 잘 보존되어 있다. 독립운동가였던 '양림동 최부잣집' 최상현 씨의 고택은 3천 평의 넓은 땅에 지어진 일자형 정면 8칸 측면 4칸의 집으로 대청마루를 제외하고 모든 장소에 다락을 설치하여 독립운동가를 피신시키는 장소로 요긴하게 사용했는데 가세가 기울어 최승효 씨가 구매하여 방치되었다가 그의 아들 최인준 씨가 12년 동안 수리해서 최근에 일반인에게 개방했다.

'광주 1930'은 최승효 가옥 바로 옆에서 카페를 운영하며 소식지를 통해 양림동의 1930년대 역사와 현재 소식을 전한다. 동네 지도를 만들고 '청춘달빛투어' 프로그램을 진행하여 양림동 4.7km를 관광객들과 걷기도 한다. 1930년 광주의 이야기를 바탕으로 콘텐츠 생산을 장려하는 '스토리클럽' 프로젝트도 운영하고 있다. 여행을 떠나보면 사람을 변화시키는 놀라운 장소가 있는데 양림동이 그러하다. 이곳은 100년의 세월을 두고 이쪽과 저쪽을 자유롭게 넘나드는 시간을 거스르는 공간이며 '광주 1930'이 기록으로 만든 세상이다.

3. 잊힌 세월이 말을 건네다

전쟁을 기록하는 사람들

인간의 기록물 중에서 가장 많은 양을 차지하는 분야는 단연코 전쟁이다. 전쟁 기록물은 인간이 인간을 살육하는 만행을 반복하지 않으려는 절박한 시도다. 전쟁터가 아닌 삶에서 전쟁을 기록하는 사람들이 있다. 생이 아닌 죽음을, 일상이 아닌 전쟁을 기록하는 의미를 성찰하고 기록관, 전쟁박물관 등 일반인이 전쟁에 관한 기록물을 수집하는 이유와 전쟁 기록물로 무엇을 할 수 있는지, 무엇을 해야 하는지 살펴본다.

전쟁 기록 발견과 재창조

한스 팔라다Hans Fallada는 독일 작가다. 『Kleiner Mann-was nun? 소시민 친구, 그래서 어쩔 건가?-저자 역』라는 작품으로 세상에 이름을 알렸지만, 사후에 출간된 『누구나 홀로 죽는다Jeder Stirbt Für Sich Allein』로 각별한 사랑을 받았다. 엽서 한 장으로 나치와 싸운 노동자 부부의 실화를 담은 이 소설은 나치 조직의 일원이 쓴 '불온 우편물을 18번 배포했다는 죄목으로 총살을 집행했음'이라는 짧은 보고서 문건에서 출발했다.

독일의 어느 평범한 가정, 남편과 아내는 좋은 게 좋은 것이라 생각하며 살았다. 내 삶과 크게 상관없는데 굳이 나치체제에 반항할 필요가 있겠는가 했다. 하지만 어느 날 전쟁에 나간 아들이 죽었다는 소식을 들었다. 노부부는 아들이 홀로 맞이했을 죽음에 오열했고 고뇌에 빠졌다. 모든 사람이 언젠가는 죽는다는 사실을 깨달았고 '누구나 홀로 죽는다'는 냉정한 현실을 받아들였다. 그래서 '한 번 죽는 인간'에 대해 생각했다. 죽음을 생각하니 삶이 문제였다. 어떻게 살다가 어떻게 죽을 것인가? 오랜 고민 끝에 스스로에게만큼은 '의로운 죽음'이어야 한다는 결론에 도달하자 '외롭고 가망 없는' 저항을 시작했다. 엽서나 법률사무소 로고가 새겨진 편지지에 반히틀러 구호를 적어 도시 곳곳에 배포한 것이다. 그리고 단 한 번의 실수로 발각되어 처형당했다.

팔라다는 처형기록물에서 내용을 확인한 날부터 1년 후 『누구나 홀로 죽는다』를 완성했다. 책은 1947년 출간 후 영화와 TV 드라마로 만들어져 그의 작품 중 가장 인상적이고 인기 있는 소설로 꼽힌다. 사형집행보고서에 그칠 수도 있었던 기록이다. 그랬다면 부부의 마지막은 누구도 기억하지 못하는 쓸쓸하고 외롭고 안타까운 죽음이 되었을 것이다. 소설 속 부부와 작가의 삶을 떼어놓고 생각하기 어렵다. 한스 팔라다는 나치체제 하에 망명하지 않고 독일에 남은 몇 안 되는 작가였으며 종결 선언 24일 만에 작품을 완성했다. 이 소설은 처음부터 끝까지 기록이 지닌 의로운 힘에 관해 이야기한다. 부부가 선택한 저항도, 그들의 경이로운 삶과 죽음에 대한 보고서도, 이를 작품으로 형상화한 소설도 인간에 대한 인간의 기록물이다.

『누구나 홀로 죽는다』는 기록이 때로는 목숨을 거는 일이라 말한다. 부부가 나치에 저항하는 방법은 기껏해야 엽서처럼 작은 종이에 구호를 적는 것이었다. 그런 이유만으로도 즉결 심판으로 목숨을 잃었다. 예로부터 권력자들은 권력을 잡는 순간 가장 먼저 기록을 불태웠다. 인류 최초의 도서관인 이집트 알렉산드리아 도서관도 그렇게 사라졌으며 진시황제도 분서갱유를 단행했다. 나치 또한 엽서 18장에 나치체제를 거부한다는 글 몇 줄을 작성하고 배포했다는 이유로 반정부행위 경력이 없던 노부부를 사형시켰다. 기록은 두려운 일이다. 거짓을 행하는 자, 진실을 말하는 자 모두를 드러내기 때문이다.

김훈의 소설 『칼의 노래』에서 이순신은 말이 없다. 생각은 간결하다. 그래서 김훈은 간결하고 짧은 문장으로 표현했다. 이순신의 생각과 일상이 그러했으므로. 아군 사망자 수는 되도록 없어야 한다. 저군은 한 명도 남겨서는 안 된다. 배 한 척도 돌려보내지 않는다. 그의 하루는 늘 같았다. 군인의 식량을 챙기고 군인을 규율에 맞게 다스리고 날씨를 관찰하며 바다의 동향에 눈과 귀를 집중한다. 언제든 전쟁에 나설 만반의 준비를 한다. 자신이 맡은 바를 충실히 이행할 뿐 그것이 삶인지 죽음인지 간 보지 않는다. 복잡하게 생각하는 사람들은 이렇듯 단순한 그가 두려웠다. 무슨 꿍꿍이가 있는지 알 수 없었다. 김훈은 역사에 길이 남을 명장에 대한 소설을 업적을 중심으로 쓰지 않았다. 단지 그의 하루가 어떠했는지 보여줄 뿐이다. 이로써 명장 이순신이 어떻게 만들어졌는지 더 구체적으로 설득력 있게 보여준다.

2013년 『난중일기亂中日記』는 유네스코 세계기록유산에 등재됐다. 김훈이 '인간 이순신'에 주목한 것에 비해 유네스코 세계기록유산 국제자문위원회는 총지휘관 이순신 장군의 기록에 가치를 부여했다. 이순신이 쓴 『난중일기』는 단순한 일기가 아니다. 400여 년 전 전쟁 당시 해군 최고 지휘관이 군인과 전쟁 상황을 기록한 일기다. 세계적으로 전쟁 중 지휘관이 직접 전쟁 상황을 기록한 사례를 찾기 어려운 까닭에 기록유산으로서의 희귀성을 인정받았다. 『난중일기』는 임진일기, 계사일기, 갑오일기, 병신일기, 정유일기, 무술일기 등 친필 본 7책과 부록인 서간첩 1책, 임진장초 1책 총 9책으로 임진왜란이 발발한 1592년 1월 이후부터 이순신이 1598년 11월 노량해전에서 전사하기 직전까지 7년의 기간을 망라한다. 현재 충무공 문중 소유이나 문화재청 산하 현충사 관리소에서 관리하고 있다.

임진왜란과 정유재란을 기록한 민간인도 있었다. 한양사람 오희문이다. 그는 한양을 떠난 1591년 11월 27일부터 환도한 다음 날인 1601년 2월 27일까지 만 9년 3개월간 일기를 썼다. 『쇄미록瑣尾錄』이다. '쇄미'는 '무엇보다 누구보다 초라한 것은 여기저기 객지를 떠도는 사람'이라는 뜻이다. 유성룡과 이순신이 기록한 『징비록懲毖錄』과 『난중일기』만으로 알 수 없었던 전쟁 시 민간인의 고초와 생활상이 꼼꼼히 기록되었다. 이 책을 통해 거창한 역사책에서 소외되었던 가족들과 헤어지고 군사징발과 군량 조달로 고난을 겪은 일반 백성들의 이야기가 드러났다.

『빼앗긴 내일: 1차 세계대전에서 이라크 전쟁까지 아이들의 전쟁 일기Stolen Voices: Young People's War Diaries, from World War I to Iraq』은 전쟁의 가장 큰 피해자이자 가장 소외된 어린이의 전쟁 일기를 엮었는데 전쟁박물관의 전시물, 절판된 책, 인권단체의 소장품에서 발굴한 어린이들의 전쟁 기록이다. 지금도 전쟁을 겪고 있는 어린이의 경우에는 실시간으로 기록을 전해 받았다. 전쟁터는 독일, 싱가포르, 보스니아, 이라크 등 전 세계에 걸쳐 있었다. 어린이들이 있었던 장소 또한 수용소, 침대 및 지하 은신처, 전쟁의 한복판 등 가리지 않았다. 그들은 한결같이 이렇게 묻는다.

"학교는 언제 갈 수 있나요?"

"내일도 살 수 있나요?"

일기 속 어린이들은 '왜 이런 일이 벌어지는지'에 대해 알지 못한다. 학교와 공원이 파괴되고 가족이 순식간에 사라진다. 몇 년 동안 침대 밑 지하 공간에서 숨죽이며 살아야 했던 아이, 군인이 되어 민간인에게 총을 겨누어야 했던 소년병은 물 한 모금 마음껏 마실 수 없는 자신들의 삶에 절망한다.

누군가가 지금 내 모습을 본다면, 공책을 들고 모래 주머니에 앉아 글을 쓰고 있는 한 청년을 보게 될 것이다. 얼굴, 맨 가슴, 양팔에 뽀얗게 모래 먼지를 뒤집어 쓰고, 때가 꼬질꼬질 낀 헐렁한 바지를 입고 있다. 오늘 첫 편지를 받았다. 벳시가 보냈는데 엄마가 내 걱정을 많이 한단다. 선임하사관 '황소'가 로드니와 나를 2소대로 배치했다. 내일은 반드시 전투지로 떠날거라고 황소가 장담했다. 어디 두고 봐야지.

팔레스타인의 작은 마을 베들레헴에 사는 열일곱 살 메리는 가수가 되는 꿈을 꾼다.

사랑하는 미미야, 전쟁은 장난이 아닌 것 같아. 파괴하고 죽이고, 불태우고 가족들을 뿔뿔이 흩어지게 하고 불행을 가져오니 말야. 오늘 구시가지 바스카르시야에 무시무시한 폭탄이 떨어졌어. 끔찍한 폭발이 일어났지. 우리는 춥고 어둡고 퀴퀴한 지하실로 내려갔어.

인류는 가뭄과 홍수 등 천재지변만큼이나 전쟁에 대한 기록을 다양한 방법으로 남긴다. 절대 되풀이되어서는 안 된다며 한목소리를 낸다. 인간이 같은 인간을 실수로 죽이는 것이 아니라 마땅히 죽여야 하는 전쟁. 그것에 대한 기록은 같은 실수를 반복하지 않길 바라는 마음에서 비롯된 행위다. 그러나 이 참혹한 기억도, 기록도 잊힌다. 모든 기록물은 잊힌 존재다. 잊힌 존재가 말을 건넬 때 우리는 어떻게 그 손을 잡을 것인가? 기록을 발굴하고 재창조하는 사람의 역할이 중요하다. 한스 팔라다가 스쳐 지나가기 충분했던 단 한 줄의 기록을 외면하지 않았던 것처럼.

평화박물관, 노근리 양민학살 사건의 기억저장소

6·25전쟁 발발 직후인 1950년 7월 노근리 철교 밑 터널 속칭 쌍굴다리 속에 피신하고 있던 인근 마을 주민 수백 명을 향하여 미군들이 무차별 사격을 가해 300여 명을 사살했다. 1960년 10월에 유족이자 노근리 양민학살 대책위원회 위원장이었던 정은용 씨는 미국 정부에 노근리 사건에 대한 공식 사과와 손해배상을 요구하는 청구서를 제출했다. 그러나 처리 기간이 지나 배상할 수 없다는 답신을 받았다. 한 번 더 청구서를 보냈지만 소용이 없었다. 1977년 10월 그는 노근리 사건을 바탕으로 『버림받은 사람들』이라는 소설을 발표했다. 반응이 없었다. 1994년 그는 다시 실화임을 강조한 소설 『그대, 우리의 아픔을 아는가』를 출간했다. 국내 언론사가 반응을 보였다.

〈연합뉴스〉가 보도했고 〈한겨레신문〉이 5월 4일 실화 소설을 토대로 마을 주민들을 인터뷰한 기사를 냈다. 1994년 6월 15일 정은용 씨를 위원장으로 하는 노근리 미군 양민학살 사건 대책위원회가 정식으로 결성되었다.

그해 〈한겨레신문〉 7월 20일 자 기사가 사람들의 마음을 움직였다. 당시 학살로 마을 주민들 대부분 사망했기 때문에 노근리 사람들은 같은 달 같은 날에 제사를 지내왔는데, 〈한겨레신문〉에서 제삿날 풍경을 스케치하여 실었다. 이윽고 결정적인 기사가 터졌다. 그해 7월 7일 AP통신에서 세계 최초로 노근리 사건을 보도했다. 이어서 미군 내 증거 자료와 전쟁 당시 사건을 언급한 보도기사도 확보했다. 노근리 사건대책위의 정구도 대변인이 미국 국립문서보관소 소장 자료 중에서 노근리 사건 관련 주요 증거 자료를 확보했는데, 그 내용은 〈조선 인민일보〉 등에서 보도한 노근리 사건 기사였다. 1999년 미국 AP통신은 그간 모은 기록을 근거로 노근리 사건을 특종 보도했다. 마침내 양국 대통령이던 클린턴 대통령과 김대중 대통령이 진상 규명을 지시했다.

1999년 9월 미국 AP통신의 보도자료에 따르면 당시 미군은 노근리 부근에서 발견한 민간인을 적으로 간주하라는 명령을 받았으며, 이 명령으로 학살 사건이 발생했다는 사실을 당시 군작전 명령 원문을 통해 밝히고 있다. 일반인이 군작전 명령 원문을 볼 수 있기까지 정은용 등 관계자들이 평생을 바쳐야 했지만, 이 기록이 없었다면 이 사건의 실체를 규명하는 일은 어려웠을 것이다. 당시 군작전 명령

중에서 '그들(피난민들)을 적군으로 대하라'라는 명령의 원문, 미군 제1기갑사단과 미육군 25사단 사령부의 명령서 등 미군의 공식문건 2건과 참전미군 병사들의 증언은 이 사건이 실재했음을 보여주는 확실한 근거 자료가 되었다. 1999년 말 유족들이 미국을 방문했고 미육군성은 이 사건에 대한 철저한 조사와 유족들에 대한 보상문제를 한국 측과 협의하겠다고 밝혔다. 2000년 1월 9일 미국 측 대책단장인 루이스 칼데라 미육군성 장관과 민간 전문가 7명을 포함한 미국 측 자문위원단 18명이 한국으로 왔다. 한국 측 조사반으로부터 사건 개요 및 조사 상황을 청취한 뒤 충청북도 영동의 사건 현장을 찾아 피해 주민들의 증언과 요구사항을 들었다. 이 사건은 아직도 진행 중이다.

한편 학살 사건이 일어난 현장인 개근철교(쌍굴다리)는 탄환이 박힌 채 보존되고 있다. '노근리 미군 양민학살 사건 대책위원회'는 사건 현장인 충북 영동군 황간면에 노근리 평화공원을 건립했다. 노근리 사건을 알리고자 사건 개요, 주요 활동, 사건 현장 안내, 언론 속 노근리 자료실, 미디어 자료실, 관련 서적, 희생자 심사보고서, 관계 법령 등으로 분류하여 전시하고 있다.

평화를 품은 집, 은퇴 후 파주에서 평화를 품다

도시에서의 삶을 마감하고 시골에서 살아보자던 사람들이 있었다. 삶의 터전을 옮기며 삶의 방식과 내용의 전환을 꿈꾸었다. 휴전선 근처에 땅을 매입하고 집을 짓기로 했는데 시작부터 여의치가 않았다. 전쟁 중인 나라에 임시로 그어진 국경선 인근의 땅. 민간인들이 집을 지으려면 규제와 까다로운 법 규정들을 충족시켜야 했다. 건축이 난항을 겪는 사이 10년이 흘렀다. 8명이 떠나고 2가구만 남았다. 남은 이들은 터전이 평화에 대해 공부하고 소통하며 교육하는 공간이기를 소망했다.

그리고 2014년 9월 27일 파주 파평면 두포리. 파평천을 따라 나란히 서 있는 나무집 세 동, 민간인이 지은 국내 첫 평화복합시설을 창조했다. 평화를 주제로 한 평화도서관, 닥종이 인형으로 만나는 위안부 전이 상설로 열리는 갤러리, 근대 100년 동안 벌어진 대량학살(제노사이드) 역사를 갈무리해 놓은 제노사이드 역사자료관, 전쟁 반대와 평화를 주제로 책을 내는 꿈교출판사를 한곳에 모은 평품집(평화를 품은 집)이 바로 그곳이다.

평화를 품은 집의 집장 명연파 씨는 '30년 동안 영리 목적으로 열심히 일했으니, 이제 자기 몫을 취할 게 아니라 어느 시점에선 일한 것을 다시 돌려줘야 갈 수 있겠다, 죽을 수 있겠다'고 생각했다. 제노사이드 역사관은 근대 100년 동안 세계에서 벌어진 학살 사건 중에서 희생자가 30만 명이 넘는 대량학살로 킬링필드(캄보디아), 르완다, 난징, 아르메니아, 나치 홀로코스트 등 5개 사건의 역사와 증언, 사진, 동영상 자료를 전시해 놓았다. 대량학살은 차이를 인정하지 않는 편견으로부터 발생한다. 이로 인한 분쟁과 폭력이 끝내 사람을 죽이기까지 한다.

전쟁에 대한 기록을 국가가 아닌 민간 차원에서 수집하고 보관하며 전시하는 일은 전쟁의 근본적인 원인에 천착하게 한다. 국가적 이해, 민족주의적 사명, 안보라는 명분으로 전쟁이나 폭력, 대량학살이 미화 혹은 정당화되고 있다. 평화를 품은 집은 평화를 배우고 휴식을 취하며 자연에서 위안을 얻을 수 있는 공간이자 휴전하고 있음을 가장 절박하게 느낄 수 있는 공간이다. 삶의 속도를 늦추는 일, 휴식을 취하는 일, 정신적 물리적 여유를 확보하는 일은 폭력으로부터 우리를 보호한다.

4. '기억'을 복원하다
역사와 문화를 만드는 사람들

도서관 소식지에 '이야기가 있는 도서관'이란 주제로 글을 연재하던 중 정원이 아름다운 도서관을 찾으러 길을 떠났다. 인천 차이나타운 근처에 율목도서관이 있는데 여느 도서관과 달리 어린이실 앞마당이 단독주택의 정원 같다 들었다. 막상 율목도서관에 도착해서 보니 꽃이 있기는 했으나 기대했던 만큼은 아니었다. 어린이실 앞 안내문에는 도서관의 터가 옛 인천 개항 후 통역관으로 와 있던 중국인의 과수원 부지였다가 정미소를 운영하던 일본인 사업가 리키다케가 인수하여 주택 겸 별장을 신축했던 장소였다고 쓰여 있었다.

상상했던 정원을 보지 못한 채 차이나타운에서 식사를 한 후 인근을 돌아다녔다. 깔끔하게 꾸며진 큰 대로가 나왔다. 사람들에게 길을 물어보려고 차에서 내렸더니 큰길 끝에 놓인 아주 가파른 계단 맨 아래에 중학생처럼 보이는 남학생들 여럿이 앉아 있었다. 학생들도 마침 학교에서 단체로 여행을 왔다가 점심을 먹고 계단에 앉아 쉬고 있던 중이었다. 햇살도 좋고 배도 부르고 언덕 위에 그들과 나란히 앉아 내려다보니 전망이 좋았다. 신기하게도 대로 오른쪽은 전부 중국식, 왼쪽은 일본식 건축물이다.

"배가 불러서 어딜 걷지를 못하겠는데, 저 계단을 오르자고? 난 절대 그렇게 못 해."

"야, 먹다 먹다 할 수 없이 남기고 나왔는데 세상에 전혀 배부르지 않다는 미친놈도 있어, 웃기지 않냐!"

학생들의 대화에 격하게 공감한 나머지 나도 모르게 대화에 끼고 말았다.

"엇! 어느 중국집에 갔어? 우리가 간 곳도 2인분인데 양이 너무 많아서 지금 배가 터지기 직전인데…"

"저기 오른쪽에 빨간 지붕 보이죠? 한눈에 봐도 중국집이잖아요. 1인분 시켰는데 왕 대박!"

"세상에, 그걸 다 먹은 애도 있니? 우리도 먹다 먹다 너무 배불러서 남겼는데."

"맞아요, 멋모르고 시켰다가 배불러 아무것도 하기 싫어요."

학생들과 농담을 주고받으며 앉아 있으니 배도 부르고 나른한 것이 커피가 마시고 싶어졌다. 그렇게 우연히 찾아 들어간 카페 팟알에서 율목도서관에서 보고도 보지 못한 것을 깨달았다. 커피숍 입구에 좁고 길게 난 복도 저 끝에 작은 정원이 보였다. 복도 벽에는 1800년대 인천 사진들과 함께 커피숍의 역사가 전시되어 있었지만 일단 끝까지 들어가 중정[8]부터 보았다. 좁지만 마당 깊은 곳까지 햇살이 충분히 들어와 있었다. 겨우내 집 안에 있었던 화분이 가지런하게 마당 밖으로 나와 햇살을 받아 꽃을 피우고 있었는데 어쩨 일본 가정집 안에 들어온 듯한 느낌이었다. 다시 복도로 나와 전시된 글을 읽었다. 이곳이 100년 전에는 일본인이 운영하던 하역 회사 건물이었고, 당시 1층에는 사무실이 있고 2층과 3층에는 다다미방이 있었다고 하는데 2011년에 지금의 건물주가 매입하여 복원했다고 적혀 있었다.

그제야 아까 학생들과 농담을 주고받았던 계단이 일본 조계와 중국 조계를 가르는 청일 조계지 경계 계단이라는 걸 알았다. 많은 것이 이해되었다. 언덕 위에서 내려다보았을 때 계단을 경계로 오른쪽으로는 모두 중국식 건축물이, 왼쪽으로는 일본식 건축물이 보인 것은 당연한 일이었다.

오른쪽 중국 조계지에서 점심으로 짜장면을 먹은 후 왼쪽으로 이동에서 일본 조계지에서 커피를 마셨다. 아무것도 모른 채 두 나

---

8. 집의 가운데 정원이 있는 것을 중정이라 부른다.

라의 조계지를 오간 것이다. 그 계단은 자유공원으로 이어져 있는데 같이 앉아 있었던 학생들은 인천항 개항 5년 만에 세워진 우리나라 최초 서구식 공원인 자유공원 정상에서 한미수교 백주년기념탑을 보았을 것이다. 1882년 우리나라와 미국 사이에 조인된 한미수호 통상조약 체결을 기념하기 위해 100주년이 되는 1982년에 세웠다고 하니 말이다. 한국전쟁 당시 인천 상륙작전을 성공시킨 맥아더 장군Douglas MacArthu의 전공을 기린 맥아더 장군 동상도 옆에 있다. 아무 생각 없이 앉아 있던 돌계단이 100여 년 전 외국 문물이 들어오던 창인 동시에 일본, 중국, 미국이 조선에서 더 많은 것을 차지하고자 맹렬하게 싸우던 역사적 현장이었다.

조계지 체결 후 일본은 한국을 식민지화하며 조선의 생산물을 일본으로 가져갔는데 그때 인천은 주요 항구가 되었다. 팟알 카페는 개항장 주변 외국인 치외법권 지역 내에 있던 하역 회사였고 이곳에 조선인 노동자들이 100여 명 정도 숙식하면서 제물포항으로 들어오는 배를 기다렸다. 잘 복원된 건물과 인천의 100여 년 역사를 생각하니 머리가 조금 무거워졌다. 개항 때 인천을 잘 보여주는 엽서를 사서 계산대에 섰다가 일하시는 분에게 물었다.

"참 복원이 잘된 듯한데 혹시 어떤 사람이 복원했는지 알 수 있을까요?"

"왜 그러시나요?"

"인천 율목도서관이 옛 일본 마당이 잘 보존된 곳이라기에 갔다오는 길에 우연히 들렀는데 어느 분이 이런 생각을 했는지 알고 싶어서요, 혹시 이름이라도 알 수 있을까 해서 그럽니다."

"제가 직접 했는데요."

"네?"

"…"

예상치 못한 답에 당황한 나머지 저도 모르게 다시 자리에 앉았다. 팟알 대표 백영임 씨였다. 조계지를 체결한 이후에 일본은 한국을 식민지화했고 이때 인천은 조선의 생산물을 일본으로 가져가는 항구가 되었다. 한국 근대사의 살아 있는 역사터다. 그러나 당시 건축물의 역사적 의미를 채 파악하기도 전에 공간들이 사라지고 있다. 옛 건물을 무너뜨리고 새 건물을 올리는 와중에 아직 남아 있을 역사적 공간을 찾아다닌 사람이 있었다.

"인천 시민단체에서 일을 했죠, 인생 후반에 귀농할 수는 없고 무엇을 할까 생각하던 차에 인천 개항 시절 건물이 사라지는 것을 보았습니다. 잊지 말아야 할 역사적 자리가 사라지는 것이 안타까워 1932년 인천 개항장 항공사진을 보고 이곳을 찾아냈죠. 아직 건물이 남아 있는 것을 알았을 때 정말 기뻤어요."

그는 일본 조계지 구역에서 일제강점기 인천항에서 조운업을 하던 하역 회사의 사무소이자 인부들의 숙소로 사용되었던 근대 일본 점포주택 마찌야를 찾았다. 1층은 사무소로 사용하고 2-3층은 주거 공간으로 건축되어 19세기 모습이 그대로 남아 있어 근대 건축사 연구에 의미가 있는 공간이었다. 그러나 그가 발견했을 때는 일반 주택으로 사용되고 있었다.

"2011년에 이 집을 샀는데 사람이 살고 있었어요. 주인은 이곳에서 태어나 평생을 산 할아버지였습니다. 하역 회사에서 작업반장으로 일했던 아버지가 1945년 패전과 함께 일본으로 귀국하는 사장에게 받은 집이라 했어요. 집을 크게 개조하지 않고 그대로 살고 있었습니다. 이런 곳이 복원되어 역사적 자리로 보존되어야 한다며 할아버지를 설득했지요."

"복도에 전시된 복원 전 사진만 봐서는 지금의 모습을 생각하기 어려운데 어떻게 복원하셨나요?"

"3층에 올라갔더니 기울어진 벽에 1920년대 〈요미우리〉 신문이 붙어 있고, 일본어 낙서가 가득했어요. 저도 이런 일이 처음이라 문화재 관계자분들에게 조언을 받았죠. 그때 공부 많이 했습니다. 이렇게 긴 복도를 따라 중정이 있고 여자들이 사용하는 뒤채가 있는 건축이 일본 마찌야 양식인 줄도 그때 처음 알았습니다. 옛날 자료를 참조해 변형된 외관을 되살리고, 기둥의 찌든 때도 닦아냈죠. 아시다시피 일본 건축은 냉난방 시설이 없잖아요. 벽체는 단열 때문에 수리했고요, 3층 다락방 등은 구조물이 얼기설기 드러난 모습 그대로 남겨뒀습니다. 역사의 흔적을 보여주려고 했죠."

예상치 않게 실제로 과거 건축물을 복원한 사람을 만나 이야기를 나누자 개항 시기 제물포에 배가 드나드는 광경이 보였다. 일본 배가 항구에 닻을 내리면 이곳에서 숙식을 하던 조선 노동자들은 짐을 날랐을 것이다. 그들이 배에 가장 많이 실은 것은 쌀이었다.

항구에는 원래 현금이 많다. 무역이 이루어지기 때문인데, 당시 인천에는 마약 행상이나 고리대금업 등으로 목돈을 모은 이들이 쌀 도정 공장이나 양조장을 열었다. 전국에 쌀이 인천으로 모이면 도정을 해야 수출할 수 있었고 남은 것으로 술을 만들었기 때문이었다. 러일전쟁 후에 만주에 진출하려던 일본으로서는 도정한 쌀이 절실했다. 인천에는 1910년까지 도정 공장이 6개 있었는데 그중 하나가 바로 리키다케 정미소였다.

율목도서관 어린이실 마당에 '율목도서관 발자취'라고 만들어진 표지에 쓰여 있는 바로 그 리키다케. 부산항에서 미곡상을 경영하던 리키다케 헤이하찌는 인천이 개항하자 1914년 2월에 인천에 도정 공장을 세워 엄청난 돈을 벌었다. 처음에는 백동전 밀조에 가담해 부자가 되었고 다음에는 정미소를 세웠는데 시대적 흐름을 타면서 어마어마한 부를 거머쥐었다. 당시에 그를 '정미계의 왕자'라 불렀다고 하니 얼마나 많은 돈을 벌었는지 짐작하고도 남는다. 그는 자신의 지위에 걸맞게 거대한 별장을 세웠는데 별장을 세운 곳이 바로 율목도서관이 있는 동네다. 인천시 중구 율목동은 옛 동네 골목 그대로다. 지대가 높아 인천시가 훤히 보여 전망이 무척 좋다. 리키다케가 왜 이곳에 자신의 별장을 지었는지 단박에 알 수 있을 정도로.

율목동은 쌀로 인해 돈이 몰리면서 형성된 부촌이었다. 처음에는 중국인 우리탕이 이곳에 별장을 짓고 정원에 꽃과 나무를 심었는데 특히 포도, 배 등의 과일이 많이 열렸다고 했다. 1912년 그가 자식 없이 사망하자 부인과 조카 사이에 재산권 분쟁이 일었고 그 과정에서 재산이 일본인의 손에 넘어가 버렸다. 리키다케는 지금의 율목교회, 성산교회, 시립도서관, 용운사 등을 포함한 대규모 부지를 확보했다. 리키다케가 운영한 정미소는 임신한 도정 직공을 낙태할 정도로 매질해서 1931년 동맹파업을 할 만큼 참혹한 노동현장이었다. 그는 이런 방법으로 부를 형성하여 인천에서 제일 좋은 풍광을 지닌 율목동에 별장을 지었다.

시민단체에서 일하며 인천에서 지역 문화운동을 하던 백영임 씨는 직업과 개인의 삶이 하나가 되는 현장을 고민하기 시작했다. 고심하던 그는 일제강점기 개항터였던 인천을 돌아보았다. 당시의 삶을 말해주던 현장들이 재개발로 인한 신축, 도로공사 등으로 사라지고 있었다.

"근대문화유산에 관심이 많았어요. 이 건물이 유일하게 남은 마찌야 건축양식인 것을 알고 매입해야겠다고 생각했죠. 할아버지께서 처음에는 거절하셨어요. 그러다가 몸도 아프고 혼자 오랫동안 사셨던 분이라 나중에는 마음을 바꾸셨죠. 당시 한국에 들어온 일본 건축양식을 공부하면서 복원했어요. 완전히 없어진 것을 똑같이 새로 만드는 것에 앞서 아직 남아 있는 공간부터 살려야죠."

백여 년 전 인천의 역사가 그대로 살아 움직이는 팟알 카페. 현재가 과거로부터 비롯되었으며 우리가 어디에 살고 있는지 어디로 갈 것인지 여실히 보여준다. 복도 갤러리에는 건물의 역사와 복원 과정이 사진으로 아카이브되어 있다. 일제 식민지 개항기 인천의 모습을 엽서로 만들어 전시한다. 기록을 일상의 공간으로 끌어온다. 사라지는 것들을 되살리는 일도 중요하지만 이처럼 아직 남아 있는 기록물을 일상에서 볼 수 있게 보존하는 노력이 필요하다.

율목도서관으로 돌아가지 않을 수 없었다. 율목도서관 어린이 자료실 천장은 굵고 묵직한 목재가 100년이 넘는 세월의 무게를 받치고 서 있었다. 비로소 도서관 서가에 '역사' 코너 글씨가 크게 보였다. 리키다케의 별장이었던 터에 세워진 도서관 어린이실 2층은 교육장으로 사용하고 있었는데 마침 아무도 없어서 창문을 열고 내다보았다. 하얗고 굵은 목련잎이 뒤집힐 정도로 만개했다. 큰 목련 틈으로 조그맣고 분홍빛을 약간 띤 벚꽃잎이 총총하게 자리를 메워 하늘이 보이지 않았다.

개항기 인천의 역사를 고스란히 품고 있는 율목도서관, 비록 충분하게 복원이 이루어지지 않은 점도 있었고 상상했던 만큼 환상적인 마당은 아니었지만 독일 어느 먼 곳의 정원과 견주는 일은 그만하기로 했다. 그곳이 아무리 아름답다 할지라도 우리가 시간을 쌓은 곳이 아니다. 옛것을 버리지 않고 보존하는 일은 단지 그것이 우리 것이기 때문은 아니다. 자랑스러운 역사이든 치욕의 역사이든 그것으로부터 오늘날에 이르렀다. 그 시공간을 고단한 삶으로 층층이 틈을 메운 사람들이 있었다. 옛것이 보존된 공간에는 그들이 들려주는 이야기가 있다.

아주 오래된 존재들이지만 새롭게 거듭난 꽃과 나무들은 봄 정원만을 생명으로 가득 채우는 것이 아니다. 그들은 봄을 기다리는 우리에게 사물은 섬세하게 살필 수 있는 눈을 길러주며 시간과 그 시간이 가져다주는 사물의 변화에 대해 민감해지게 한다. 그들이 아니었다면 절기의 변화를 어떻게 느낄 수 있을까. 이제 일 년은 그저 일 년이 아니라 성대한 일 년이 될 것이다.

– 『일곱 계절의 정원으로 남은 사람: 정원 왕국의 칼 대제, 푀르스터를 만나다

Ein Garten der Erinnerung Leben und Wirken von Karl Foerster』 중에서

언니네 텃밭, 씨앗을 아카이브하다

'농사꾼이 굶어 죽어도 씨앗은 베고 죽는다'는 말이 있다. 씨앗만은 반드시 지켜야 하기 때문이다. 인간이 기록으로 영원을 꿈꾸듯 식물은 씨앗으로 불멸을 기도한다. 덕분에 지구의 생명체는 숨을 쉰다. 그런데 생명을 틔우는 씨앗이 사라지고 있다.

청양고추처럼 흔한 음식 재료 씨앗도 외국에서 수입해 심는다. 한국 종자 회사들이 1990년도 외환위기 때 미국의 몬산토와 같은 거대 종자 회사에 매입되었기 때문이다. 2010년부터 지금까지 5년 동안 외국에 지급한 작물 로열티가 총 819억 원이다(2015년 4월 발표기준). 작물의 50% 이상이 외국 종자 회사에 의존하는데 이마저도 일회용이 대부분이다. 유전자 변형으로 발아횟수를 1회로 제한해 해마다

종자를 다시 구매해야 한다. 농업진흥청 종자은행에서도 종자 자원들을 수집하지만 냉동고에 보관한다. 본디 씨앗이란 발아할 때까지 생명력을 보존한 채 기다리지만 발아는 땅과 기후와 벌레의 합동작전이라 냉동고에서 수십 년 동안 저장되었던 씨앗이 변화된 환경에서 다시 심어졌을 때 땅에 뿌리를 내리고 잘 자랄 수 있을지 불확실하다. 씨앗의 생명력은 해마다 수확을 확인하며 검증되는데 우리가 보는 씨앗은 더 이상 씨앗이 아니다. 안타까운 현실을 보다 못한 언니들이 씨앗 아카이브에 나섰다.

'언니네 텃밭'은 전국에서 밭농사를 짓던 여성 농민들이 여성 농민의 자립을 돕는 동시에 제철에 나는 건강한 먹거리를 도시민에게 제공하려고 만들어졌다. 꾸러미 회원을 모집하여 지역의 농민들과 짝을 짓는다. 참여하는 농민들은 대부분 자신의 가정에서 먹을거리 정도를 생산하는 소농으로 남은 수확물을 판매한다. 언니들은 밭에서 수확 후 남은 종자를 보존했다가 다시 심을 수 있다는 사실을 알게 되었다. 그렇게 보니 불과 얼마 전까지 시골집 마루에 걸려있던 옥수수들은 모두 다음 해 농사를 짓기 위한 종자들이었다.

이들은 시골 구석구석을 다니며 여성 농민들이 신문지나 작은 종이에 넣어 꼬깃꼬깃하게 접어 보관한 씨앗들을 수집하기 시작했다. 토종 씨앗 보유 현황을 조사하고 각 지역 풍토에 알맞게 자란 씨앗을 확보한 후 다시 배포하기도 한다. 전국의 농민들로부터 받은 씨앗을 도시 농부나 씨앗이 필요한 사람들에게 나눠준다. 또한 그들이 씨앗을 수확하도록 장려하여 다시 돌려받는다. 또한 종자용 씨앗을 목적으로 농사짓는 채종포를 운영하기도 한다. 이런 결과들을 모아 토종씨앗 전시회를 열기도 했다. 오늘도 언니들은 생명의 근원인 씨앗을 아카이브하는 중이다.

수몰지구 아카이브 재인폭포상회 프로젝트

앞에서 『강물이 흘러가도록』을 소개하며 복원을 통해 창조가 어떻게 이루어지는지 알아봤다. 도시에 물을 공급하기 위해 댐을 건설하는 일은 지금도 진행 중이다. 그 바람에 사라져 가는 마을이 있다.

경기도 북부 연천군에는 평지가 18m 아래로 푹 내려앉아 형성된 재인폭포가 있었다. 폭포에는 전해져 내려오는 전설이 있었다. 줄타기에 능한 재인才人이 미모가 뛰어난 아내와 살았는데 고을의 원이 그 아내를 탐했다. 재인에게 폭포에서 줄을 타도록 명령해 결국 그를 죽이자 원통한 아내는 원님의 코를 물고 자결했다고 한다. 이후 사람들은 재인과 부인의 한이 서렸다 해서 재인폭포라 불렀는데 이 폭포가 있는 마을 고문리는 물속으로 가라앉는다. 폭포에서 여름을 보내던 관광객들에게 여러 가지 간식거리를 내놓고 고문2리 마을 사람들에게 술과 안주를 내놓던 재인폭포상회도 사라진다. 수천 년의 삶이 통째로 물속으로 사라졌다. 주민들의 반대로 폭포만 겨우 살아남는다고 한다.

한국수자원공사가 한탄강댐을 건설하기로 함에 따라 재인폭포가 있던 고문리는 수몰되었다. 재인상회 아카이브 프로젝트는 마을

이 물속으로 가라앉는다는 소식을 들은 다큐멘터리 감독, 사진작가, 미술작가 들이 모여 마을문화기록관 '교동사람들'을 만들면서 시작되었다. 우선 수몰지에 있던 50년 된 근대가옥 도롱이집(이수하·김영자 부부의 가옥)을 옮겨야 했다. 마을의 식물과 동물을 사진으로 촬영하고 습지에 자생하는 식생을 기록하고 옮겨야 할 곳의 생태와 환경도 조사했다. 프로젝트의 궁극적인 목표는 공동체를 복원하는 일이다. 하지만 기록으로 원래의 삶을 살릴 수는 없다.

> "마을이나 숲은 한번 훼손이 되면 다시 복원하기 어렵다. 사라지는 곳을 기억하고 기록하고 다른 형태로 복원하는 작업은 굉장히 중요하다. 그러나 기록은 수몰로 인한 갈등을 해결해 주는 것이 아니라 그 모습을 예술적 형태로 남긴다. 축적된 기록들을 접한 이들이 스스로 문제점을 자각하고 느끼는 것이 중요하다."
>
> – 〈경기신문〉 대안예술공간 '문화살롱 공' 대표 박이창식 인터뷰 중에서

흘러간 시간에는 앞서 간 이들의 삶이 들어 있다

고대 이집트인들은 홍수가 일어난 때부터 다음 홍수가 일어날 때까지를 1년이라 정했다. 그렇게 했더니 안에 365일이 있었다. 이것을 다시 달로 나누고 달을 일로 일을 시로 나누었다. 자연의 변화를 시간으로 세분하고 규칙을 찾아야 나일 강의 범람에 대비해 제방을

쌓을 수 있었다. 미래에 닥칠 일들을 예방하고자 지나온 날들을 되새김질했다. 그 안에서 흐름을 읽어낸 후 '시간'을 창조했다. 인간에게 '시간'은 앞으로 닥칠 일을 대비하는 것이기도 하지만 이미 지난 일을 성찰해야 가능할 수 있다. 시간이 기록인 까닭이다. 흘러간 시간에 앞서 산 이들의 삶이 들어 있다.

한국 사회는 일제강점기, 한국전쟁, 근대화 및 산업화를 불과 100여 년이란 짧은 기간에 거쳤다. 너무 숨 가쁘게 달려오느라 뒤에 남은 시간을 반추하지 못했다. 고속도로에서 시속 100km 속도로 달리며 백미러로 가끔 뒤를 돌아보는 것은 반추가 아니다. 그렇게 해서는 과거로부터 무엇인가를 배우기 어렵다. 생활 속에서 옛것을 복원하려는 움직임이 생겨난 까닭이다. 지금 살아가는 공간에 과거를 배치함으로써 그동안 무슨 일이 있었는지 찬찬히 돌아본다. 이런 움직임은 전시회, 도서, 오디오 등 문화 전반에서 다양하게 펼쳐지고 있으며 접근하는 방법 또한 다양하다.

서울 마포구 동교동 '김밥레코즈'는 김밥집이 아니다. 엘피LP판을 판매하는 곳이다. 엘피를 채 향유하기도 전에 테이프가 나왔고 이어 CD가 등장했다. USB와 모바일폰에 음악을 저장하게 되자 이제 CD마저 귀하다. 각각의 연령별로 음악을 듣는 매체가 달라져 음악에 대한 대화를 나누기 어렵다. 하지만 디지털로 빠르게 변화하는 음악시장에 아날로그 매체를 찾는 이들이 생겨났다. '김밥레코즈'는 소멸해가는 아날로그 세상이 담고 있었던 세상이 무엇이었는지, 오늘날 어떤 의미가 있는지를 가늠하는 공간이다. 놀라운 사실은 젊은 엘피 애호가들이 CD 옆에 놓인 엘피에 더 열광한나는 서다. 세상이 빠른 속도로 돌아가자 도대체 나한테 무슨 일이 있었는지 파악하기 어려워졌다. 하지만 세상을 살아가는 사람은 바로 나여야 하기에 이들처럼 외부의 시간을 잠시 멈추고 나만의 시곗바늘을 들여다보는 사람들이 생겨났다.

2014년 1월 26일에는 가평 자라섬 이화원에서 한국커피문화사료전이 열렸다. 사단법인 우리문화 가꾸기회에서 수집한 한국의 커피 관련 기록과 유물을 전시했다. 골목마다 커피숍이 있고 한 끼 식사보다 커피 가격이 더 비싼 오늘날 커피문화가 미국의 스타벅스에 의해 시작된 새로운 흐름으로 알던 이들은 1938년 일제강점기에 잡지 〈삼천리〉에 실린 '서울 거리 다방 지도'나 '커피 광고'를 보며 깜짝 놀란다. 게다가 1930년대 말에 유기가 보온을 잘하는 데 착안하여 유기로 커피잔과 주전자를 만들어 선교사를 통해 수출했던 유기 커피잔 세트 앞에서는 신기함을 감추지 못한다. 개성상인들이 개발한 '인삼 커피' 용기와 광고 포스터에는 커피가 건강에 좋다는 것을 알리려는 시도가 엿보인다.

유럽의 커피문화는 수많은 소설가를, 노천 커피숍에서의 자유로운 토론문화는 프랑스 혁명의 기운을 잉태했다고 한다. 1930년대 가비 혹은 가베라는 말로 시작된 한국의 커피는 다방을 거쳐 커피믹스인 인스턴트커피의 등장으로 대중 음료가 되고 이제 원두커피 전문

점인 카페 시대에 접어들었다. 어느새 일상이 되어버린 커피문화, 그 역사를 살피며 오늘의 커피를 음미한다.

내셔널트러스트, 공간을 재생해 기억을 복원하다

〈7번 방의 선물〉과 〈변호인〉은 실화를 바탕으로 만든 영화다. 그리고 〈또 하나의 약속〉과 〈탐욕의 제국〉, 2014 아카데미 작품상을 받은 〈노예 12년12 Years a Slave〉도 실화 영화였다. 어떠한 해설 없이 '그냥 보여주는 것'만으로도 공감을 끌어낼 만큼 실제 이야기가 가진 진정성의 힘은 크다. 할리우드나 충무로에서 실화를 바탕으로 쓴 소설을 원작으로 영화를 만드는 이유는 진실의 힘 때문이다. 이러한 흐름은 기록과 문학작품 그리고 상품이 어떻게 연계되는지 잘 보여준다. 문학작품을 상품으로 만드는 것에 대한 인식의 전환이 필요하다. 이야기에 기반을 둔 상품을 일상에서 접할 수 있게 해야 한다. 기록과 문학이 예술적이고 기능적인 상품으로 재탄생하여 일상으로 들어올 때 우리는 비로소 문화로서의 아카이브를 구축했다고 할 수 있다. 이는 문학작품이나 영화에 한정되지 않는다.

한국 내셔널트러스트[9]는 무너져 가는 공간을 재생함으로써 '기억'을 복원한다. 덕분에 조각가 권진규 아틀리에, 강화 매화마을 군

---

9. 내셔널트러스트National Trust: 내셔널트러스트는 자연보호와 역사적 보존을 위한 민간단체로 영국에서 시작됐다. 시민들의 자발적인 모금이나 기부 증여를 통해 보존가치가 있는 자연자원과 문화자산을 확보하고 관리한다. 한국 내셔널트러스트는 2000년 1월에 발족했다.

락지, 최순우 옛집 등이 삭제되지 않고 일상의 공간으로 살아남았다. 역사적, 문화적, 환경적으로 의미 있는 공간에 대해 질문을 던지는 동시에 시민 기부 참여를 통해 우리가 현재 사는 주거 공간에 무엇이 담겨야 하는지를 묻는다.

기록은 공개되고 재해석되고 재창조되기 위해서라도 기록 생산자의 품을 벗어나야 한다. 그리고 기록을 재해석하고 재창조하는 일은 일상에서 이루어져야 한다. 모든 공간이 아카이브 전시장이 되어야 한다. 공공기록을 주로 다루는 기록관이 있지만 그와 별도로 언제 어디서나 기록 전시가 이루어져야 한다. 우리의 일상은 언제나 과거로부터 와서 미래로 가기 때문이다.

옛 기록의 복원은 일상의 기록에서 출발한다

『조선 동물기: 조선 선비들 눈에 비친 동물, 그리고 그 속에 담긴 세상』은 조선 선비들이 동물에 대해 쓴 기록들을 모은 책이다. 어니스트 시턴Ernest Evan Thompson Seton의 『동물기動物記』나 장 앙리 파브르Jean Henri Fabre의 『곤충기Souvenirs Entomologiques』처럼 조선 시대 자연에 대해 꼼꼼하게 기록한 내용을 찾아 번역한 것이다. 비록 과학이 발달한 오늘날의 시각으로 보았을 때는 잘못된 부분도 있겠지만, 조선 시대 사람들이 동물과 곤충을 어떻게 보았는지를 알 수 있다는 점이 중요하다. 소를 갉아먹는 쥐, 정조를 지키는 제비, 왕을 알아본 코끼리, 고래 잡아먹는 물고기, 모래를 토해 내는 새 등 때로는 허무맹랑하고 때로는 놀랍도록 정확하게 묘사했는데 이를 통해 조선 시대 선비들이 어떻게 살았는지 들여다볼 수 있다.

이외에도 한문으로 된 조선 시대 기록물들이 계속 번역되고 있다. 이러한 기록들을 통해 부분적인 기억의 파편으로 혹은 이미지로 각인되어 제대로 알지 못했던 바로 전 시대가 다시 보인다. 2014년에 출간한 『식민지 조선의 영화소설』도 그러하다. 수탈의 시기이기도 했지만 일본을 통해 서구의 문물이 들어오기도 했던 시대에 사람들이 영화를 통해 어떻게 자신들의 이야기를 풀고 살았는지 알 수 있다. 영화라는 매체를 거부한 사람, 열렬히 환영하거나 옹호한 사람, 그것들을 통해 자신의 이야기를 적극적으로 하려던 사람 등 식민지 조선에 살았던 사람들의 이야기가 담겨 있다. 이러한 옛 기록의 복원은 모두 일상의 기록에서 출발한다. 완결된 형태이거나 모범사례가 될 필요는 없다. 겪은 일을 진솔하게 쓴 후 기록물을 아카이브하는 일은 자신의 삶에 대한 성찰일 뿐만 아니라 세대 간 교류이며 역사적 사료이자 창작의 원천이다. 스스로를 만드는 일은 오늘을 기록하는 것에서 출발한다.

3부

디지털 생활 아카이브와
기록의 선택

2부에서는 시민 아키비스트들의 실제 사례를 통해 이들의 활동이 미치는 사회적 영향과 의미를 살펴보았다. 마지막으로 기록과잉 시대라 불리는 디지털 시대에 아카이브할 대상을 선택하고 보관하고 폐기하는 방법을 알아보자. 나아가 기록문화가 정착되기 위해서는 무엇이 필요한지에 대해서도 이야기해 본다.

1. 라이프로깅 시대
'보는 그대로, 생각하는 그대로' 기록이 가능하다

예로부터 내 눈으로 보는 현실 그대로 기록하고자 하는 욕구는 있었지만 실현된 것은 첨단 기기의 발전 덕분이다. 라이프 로깅Life Logging은 1945년에 처음 등장한 개념으로 보는 그대로, 생각하는 그 대로, 행위와 동시에 기록한다는 뜻이다. 미국 국가 과학 기술연구소 소장이었던 배너바 부시Vannevar Bush는 미국의 종합 월간지인 〈애틀랜틱 먼슬리〉에서 '생각하는 대로' 기록할 수 있는 방법을 소개했다. 안경 타입의 기억확장을 돕는 컴퓨터 시스템이었다. 소형 카메라와 녹음기가 들어간 장치를 이마에 부착해서 개인이 보고 듣고 말하는 것을 그대로 기록하는 장치였다. 당시에는 개념으로만 등장했는데 오늘날 디지털 기기의 발전으로 현실에서 상용화 단계에 들어섰다.

구글 글라스는 안경에 작은 카메라가 부착되어 있어 원하는 대로 일상을 저장한다. 클립 형태라 와이셔츠 등에 끼워 버튼을 누르면 30초 간격으로 사진으로 기록한다. GPS가 내장되어 대용량을 저장할 수 있다. 사용 후 어두운 곳에 두면 저절로 작동을 멈춘다. 안경을 착용한 사람이 보는 그대로 기록되므로 사생활을 침해할 수도 있고 CCTV처럼 결정적인 장면을 포착하는 증거 자료가 될 수도 있다. 하지만 궁극적인 목적은 안경을 착용한 사람이 '보는 그대로'를 기록하는 데 있다. 자가 측정Quantified Self 혹은 라이프로깅으로도 알려진 셀프 트래킹Self-Tracking은 이처럼 자신의 일상, 생각, 경험, 성과 등을 기록하는 활동을 의미한다.

매일 전 세계 수백만 사람들이 각종 기기와 앱을 사용해 라이프로깅을 하고 있다. 다양한 장소에서 생성 및 전송, 저장되는 데이터의 양은 상상을 초월한다. 마이크로 소프트의 수석과학자 고든 벨Gordon Bell과 짐 겜멜Jim Gemmell은 『디지털 혁명의 미래: 디지털 기억 혁명은 우리의 미래를 어떻게 바꿀 것인가Total Recall : how the E-memory Revolution will Change Everything』에서 디지털 기기에 의해 모든 삶이 기록됨에 따라 망각이 사라지는 현대를 이른바 '완전한 기억의 시대'라 불렀다. 앞에서 언급한 것처럼 인간은 오래전부터 불완전한 자신의 기억을 보완하고자 기록해왔고 이제 디지털 기기 덕분에 '완전한 기억'이란 꿈을 실현할 단계에 이르렀다.

디지털 기기를 활용하여 생활을 기록하는 사람들

다양한 앱을 활용하면 돈의 쓰임을 기록할 수 있다. 카드를 사용하면 모바일로 문자가 온다. 현금을 사용한 경우 영수증을 촬영하여 그 문자와 함께 저장해 두었다가 한 달간 정산한 내용을 모바일의 '달력 보기'에 저장한다. 가계부의 현대 버전이다. 사용한 돈의 흐름을 기록하며 그동안 무엇을 했는지를 더듬어보는 자기 성찰의 시간을 가질 수 있다.

받은 명함으로 내가 만난 사람들을 기록하는 이도 있다. 업무상 명함을 주고받는 일이 많아진 A는 명함을 받는 즉시 촬영해서 저장한다. 명함저장앱을 이용하면 이름과 연락처가 저장될 뿐만 아니라 달력 보기를 통해 언제 그 사람을 만났는지도 파악할 수 있다. 이렇게 1년간 저장한 명함을 한곳에 모았다가 '내가 만난 사람들'이란 이름으로 정리했다. 명함을 수집하고 분류하며 언제, 어디에서 누구를 만나 무슨 대화를 했고 그로부터 무엇을 배웠는지를 기록함으로써 자신의 1년을 돌아본 것이다.

SNS에 자신이 어디에 있는지를 기록하는 사람도 있다. 모바일 지도에 자신이 있었던 곳, 누구와 있었는지를 표시할 수 있게 되자 행적에 대한 기록이 쉬워졌다. 기억을 불러오는 일 또한 간단해졌다. SNS에 접속하면 과거 행적을 추적할 수 있다. 블로그에 읽은 책을 기록하는 이들도 많다. 매일 만드는 음식을 기록하는 사람도 있고 꽃밭을 가꾼 일기를 올리는 사람, 여행을 기록하는 사람도 있다. 해 마다 가족사진을 찍어 가족의 변천사를 기록하는 사람도 있다. SNS, 카카오톡이나 카카오스토리 등 소셜네트워크를 이용해 그룹 간 활동을 기록하는 이들도 있다.

2013년 여름 출판사 열린책들 공식 페이스북에 "전국의 책벌레 여러분, 심장이 쫄깃해져서 밑줄 좌악 그은 문장을 댓글로 적어주세요."라는 요청이 올라오자 아흐레 만에 706개가 달렸다. 출판사는 이를 모아 『심장을 쫄깃하게 만드는 고전 명작 속 한 문장』으로 책을 출간했다. 이 단순한 작업으로 모인 댓글 문장을 통해 사람들이 어떤 책을 보는지 책 속에 어떤 문장을 어떻게 받아들이는지 한눈에 파악할 수 있는 기록물이 탄생했다. 사회학자라면 이 기록을 통해 2013년도 풍속을 가늠할 수 있을 것이며 작가들은 이렇게 골라진 문장들을 통해 독자들이 어떤 문장에 마음을 여는지 알 수 있을 것이다. 무엇보다 우리는 이를 통해 세상 사람들의 현재 마음을 읽을 수 있다.

성별, 나이, 직업이 서로 다른 148명이 참여하여 자신의 가방 속을 펼쳐 보였다. SNS에서 열풍을 일으킨 '인 마이 백 릴레이'는 평소 가방에 넣고 다니던 물품들을 꺼내 한데 늘어놓고 사진을 찍어 블로그에 올린 후 다음 사람에게 바통을 넘기는 방식으로 진행된다. 내 가방 속을 보여주고 남의 가방 속을 들여다본다. 조각가의 공구가 든 가방에서부터 대학생, 주부, 취업 준비생, 항공사 승무원의 가방도 있고 안동에 사시는 어느 할아버지의 보물 가방도 있다. 가방 속에 든 물품은 대개 그 사람의 현재 삶과 밀접한 관련이 있다. 가방 속을 매개로 이어진 사람들의 다양한 이야기는 『인 마이 백』이란 책으로 탄생했다.

동식물의 소리를 저장하는 사람도 있다. 버니 크라우스Bernie Krause는 나무를 스치는 바람 소리, 새들의 지저귐, 곤충 애벌레가 내는 미묘한 소리를 45년 동안 녹음했다. 땅과 빙하가 움직이는 소리, 천둥소리, 해안가의 파도 소리, 비와 눈이 내리는 소리 등 지구 전역을 누비며 생물 소리 15,000여 종을 녹음했다. 눈으로 보이는 세상이 아닌 귀로 듣는 세상을 보여준다. 그의 녹음은 서식지의 건강함, 밀도, 생태계를 보여주는 귀중한 자료다. 그는 이 작업 내용을 『자연의 노래를 들어라The Great Animal Orchestra』는 책으로 펴냈다. 그는 "소리는 사진 1,000장보다 더 많은 것을 이야기한다."라고 말한다. 이렇듯 전 세계의 자료가 디지털 매체 덕분에 한곳에 모이기도 한다.

그런가 하면 팬들의 사랑으로 이루어진 아카이브도 있다. 서태지 팬들은 20년 동안 서태지 활동 자료를 모아 디지털 기록보관소인 온라인 박물관에 아카이브를 구축했다. 히스토리, 음반, 발매 영상, 공연, 프로모션, 광고, 각종 언론에서 서태지에 대해 언급된 자료(TV, 라디오, 신문, 댓글까지), 팬아트, 팬사인회, 팬클럽 활동, 용어집까지 갖추었다. 놀라운 사실은 이 자료들의 출처가 세계 곳곳이라는 것이다. 전 세계 서태지의 팬들이 온라인상에 자료를 모으고 있다. 오늘도 자료가 업데이트된다. 이것이 디지털로 구축되는 아카이브의 장점이다.

다음세대재단은 정기 강좌, 강연 등 오디오 콘텐츠와 기획 대담, 인터뷰 시리즈, 가치 있는 소리의 수집과 기록 보존 활동을 하는 '소리 아카이브'를 운영한다. 이 모든 것이 디지털 기기가 발달하여 대용량 저장이 가능해진 덕분이다. 실시간으로 정보가 생산되고 저장되고 유통된다. 우리는 시간과 공간의 장애를 최소화한 덕분에 무엇이든 만들어내고 저장할 수 있는 시대에 살고 있다. 다양한 기록 매체의 등장과 발전은 기록의 조건을 바꾸었다. 언제, 어디서나 원하는 것을 모두 기록할 수 있게 했다. 그림이나 종이 문서에서 시작한 인간의 기록은 녹음기, 휴대전화, 디지털카메라를 거쳐 N드라이브와 같은 모바일 카메라와 연동되어 저장이 가능한 앱 개발, 온라인상에 자료를 검색해서 필요한 정보만 수집하고 정리할 수 있도록 한 핀터레스트, 이미지만으로 전 세계 사람들의 활동을 기록하고 소통하는 인스타그램에까지 이르렀다.

2. 기록과잉 시대

선택과 보관 그리고 폐기

모든 것을 기록하는 일은 아무것도 기록하지 않는 것과 같다

완벽한 기억을 향한 인간의 끝없는 욕망은 기록 매체의 발전을 추구했다. 파피루스나 진흙판, 노래 등 부분 기억 전승 방법에서 시작해서 완전한 기억이 가능한 라이프로깅에 이르렀다. 모든 활동을 기록할 수 있는 시대에 기록해야 하는 이유와 어떤 기록이 가치가 있는지를 생각하지 않을 수 없다. 모든 것을 기록하는 일은 아무것도 기록하지 않는 것과 마찬가지이기 때문이다. 기록이 한갓 욕망이

기만 해서야 되겠는가! 근원을 파악하고 사회문화적 가치를 발견해야 한다. 인간이 기록하는 이유는 우리에게 주어진 시간이 무한하지 않기 때문이다. 디지털로 대용량 저장이 가능해지고 모든 것을 기록할 수 있다고 해서 그 모든 자료를 활용할 수 있는 건 아니다. 활용할 수 없고 들여다보지 않는 기록이 무슨 의미가 있겠는가! 가치는 모든 것을 기록하는 데 있지 않다.

기록은 생각할 시간을 준다. 이때 생각은 기억을 기반으로 한다. 경험을 기반으로 한다. 앞서 말한 것처럼 인간은 현재 삶을 기반으로, 공유의 기억으로부터 새로운 세상을 창조한다. 그러나 모든 기억이 살아 있다면 인간은 한 걸음도 앞으로 나아가지 못할 것이다. 과거의 시간에 묻어야 할 기억과 경험도 있다. 기록을 폐기해야 하는 이유다. 어떤 기록을 폐기해야 할까? 이 또한 시간이 해결해 준다.

생산하거나 모은 자료를 시간이 지난 후 다시 살피면 폐기해도 될 것들이 보인다. 아카이브는 다음 세대에게 전승하려는 기록관리다. 모든 기록은 공공자산이 될 수 있지만 모든 기록이 공공자산은 아니다. 일상 기록이 공공성을 띠려면 기록에 사회문화적 의미를 부여해야 한다. 내가 생산한 기록 중에 선택해야 한다면 무엇을 남길 것인가? '메멘토 모리'를 떠올리자. 주어진 날이 오늘 하루밖에 없다면 어떤 기록을 남기고 싶은가?

기록의 분류와 폐기는 스스로 삶의 가치를 되묻는 작업이다. 기록보다 폐기가 어려운 이유다. 어떤 기록을 폐기할 것인가를 결정하는 일이 막연하고 어렵다면 일단 분류를 시작하자. 가족사진의 경우

생산 연도별, 주체별, 장소별로 분류한다. 가족들에게 가장 좋았던 사진을 고르게 하고 그 이유를 달아 함께 기록하는 것도 좋다. 중복되거나 의미 없이 생산된 자료들이 분류하는 과정에서 정리된다.

전시도 일종의 아카이브 보관 관리에 해당한다. 집집이 컴퓨터나 USB에 디지털카메라로 촬영한 무수한 사진이 저장되어 있다. 촬영이 간편해질수록 사진 한 장이 지닌 가치는 줄어든다. 블로그나 소셜 네트워크에 사진을 올리면 저장뿐만 아니라 블로그 내 전시도 할 수 있다. 생각과 행동을 그대로 기록할 수 있는 대용량 저장소와 매체의 발달은 모든 것을 손쉽게 기록할 수 있게 했지만 한편으로는 어떤 기록을 남길 것이냐는 숙제를 주었다. 개인의 기록이든 국가의 기록이든 공공성을 생각하지 않을 수 없다. 도서관이나 기록관이 기록물들을 보관하는 이유는 그것이 인류에게 중요하기 때문이다. 어떤 기록을 보관하려면 공적인 가치를 지녀야 하는데 그 기준을 무엇으로 할 것인가?

우리는 그 기준으로 수많은 기록에서 선택해야 한다. 선택은 곧 삶의 가치를 말한다. 어떤 기록을 채택하는가는 결국 그 사람의 삶에서 무엇이 중요한지를 가리킨다. 인간의 기억이 불완전한 만큼 저장 기기도 완벽하지 않다. 바이러스에 자료가 사라지기도 하고 해킹당하기도 한다. 프라이버시를 생각하지 않을 수 없다. 블로그 등 각종 소셜 네트워크에 무심코 올린 자료들이 개인의 프라이버시를 침해하기도 한다. 자료 관리에 공적 가치와 공공성을 염두에 두지 않을 수 없다.

슬로 아카이브, 기록 속에서 느리게 생각하다

기록 매체의 다양화와 발전의 고속화는 삶의 속도와 밀접하게 관련 있다. 빠르게 살고 빠르게 생산하며 소비하고 즉각 기록한다. 되돌아보며 음미하고 주의 깊게 관찰하고 깊이 있게 읽어낼 시간을 확보하지 못한 채 우리는 너무 많이 생산하고 저장한다. 모든 것이 속도위반이다. 삶만이 아니라 그것을 담아내는 기록 또한 그러하며 그 기록을 읽어내는 속도 또한 너무 빠르다.

기록과 기록 사이에 쉼이 없다. 과잉 생산으로 피로가 누적되어 깊이 있는 읽기, 재해석, 창조가 힘겹다. 자료의 수평적 이동만이 활발하다. 이 정보에서 저 정보로 넘어갈 뿐 한 자료를 깊이 있게 분석하고 자신의 것으로 만들 겨를이 없다. 즉각적인 기록은 모든 것을 기록할 수 있을지는 몰라도 행간에 숨어진 의미를 해석하는 데 미치지 못한다. 빠른 생산, 기록, 읽기는 성급한 행동으로 이어진다. 쏟아지는 기록물 속에서 허덕이지 않고 찬찬히 제 시간을 만드는 소년 아키비스트의 이야기를 들어보자.

강원도 동해에는 영화를 사랑하는 소년이 산다. 초등학교 2학년 때 TV에서 방영한 〈쥐라기 공원Jurassic World〉, 〈죠스 Jaws〉 같은 영화를 보고 영화감독이 되는 꿈을 꾸었다고 했다. 초등학교 5학년부터 영화 DVD를 수집하기 시작한 후 정기적으로 한국영상자료원에 기증했다. 한국영상자료원은 해외 웹사이트까지 뒤져가며 국내에 없는 한국 고전 영화를 발굴해 정기적으로 기증하는 소년의 이야기를

SNS에 올렸다. 구하기 힘든 영화 자료를 수집해서가 아니다. 그는 수집한 자료에 자신의 이야기를 담았다. 영화를 탐구하고 관련된 배경 지식도 쌓고 미래에 만들 자신의 영화에 대한 그림도 그린다. 그리고 자신의 경험을 담아 편지를 쓴다. 언젠가 감독이 됐을 때 그 편지를 직접 그 감독에게 전할 수도 있고, 영화감독이 되지 못하더라도 비디오 케이스에 숨겨진 편지를 발견하고 다른 꿈을 품을 수도 있을 것이다.

> "오래된 이탈리아 영화를 즐겨보는데요, 피에르 파올로 파솔리니Pier Paolo Pasolini의 〈테오레마Teorema〉를 특히 좋아합니다. (…) 마지막 장면 즈음 하녀가 스스로의 의지로 땅에 묻히는 장면과 아버지가 나체로 소리지르며 벌판을 뛰어다니는 장면을 가장 좋아합니다. 또 파솔리니는 모리코네Morricone와 여러 번 작업을 한 감독이기도 해요. 제가 만들 영화의 한 장면도 함께 적어 볼게요. 제 영화에는 자연에 영감을 받은 장면들이 많이 들어갈 거예요. 자연적인 아름다움을 동경하는 건 자연과 더불어 자란 어린 시절의 기억 때문인 것 같아요. 세 살 때 울릉도에서 주황색 지붕을 얹은 집에 살았던 기억도 생생하고요…."
>
> – 〈씨네21〉 인터뷰 중에서

강원도 소년의 영화 아카이브는 왜 기록하려는지 어떻게 기록할지를 잘 보여준다. 과거로부터 현재를 가늠하고 미래를 살피고자 기록한다. 음미하고 깊게 생각할 여유가 없다면 만들어진 기록들은 의미를 잃어버린다. '나'에 의해 재해석되지 않는 기록은 남의 삶이다. 활용되지 않는 기록들은 가치가 없다. 디지털 기기로 삶의 모든 것을 기록하려는 마음속을 들여다보아야 한다. 기록이 과시나 소비가 아닌지 경계하고 살핀다.

온라인에 남이 만들어낸 수많은 장면이 빠르게 지나간다. 폴더에 쌓는다고 나의 기록이 되지는 않는다. 수많은 기록에서 내 생각을 건져 올리고 깊이를 더하고 삶의 방향을 세운 후 앞으로 한 걸음 나가야 한다. 남의 삶으로부터 나의 과거로부터 오늘 내가 어디에 서 있는지 성찰한다. 기록은 결국 어떻게 살 것인가에 대한 자기 고민의 시간이 빚어내는 생산물이다. 스스로 내면을 찬찬히 깊게 들여다보며 '나'의 기록을 생산해야 한다

3. 기록의 보관과 활용
영국에서 기록문화의 생태계를 체험하다

아카이브 구축은 과거 기록을 수집하고 보존하는 것에서 시작한다. 그러나 그 결과물을 아무도 활용하지 않고 보지 않는다면 무슨 의미일까? 정보 활용과 접근의 차원에서 대중이 관심을 갖도록 기록물을 어떻게 재구성하여 펼쳐놓을 것인가가 중요하다. 평면적 서술로는 방대한 자료들을 눈에 띄게 할 수 없다. 어떤 자료가 대중의 마음을 사로잡기에 적합할까? 기록문화가 잘 형성된 영국으로 아카이브 여행을 떠났다. 셜록 홈스 박물관은 그 답을 잘 보여주는 곳이다.

셜록 홈스 박물관, 채집된 기록들을 재해석하고 새롭게 만들다

런던 셜록 홈스 박물관은 셜록 홈스와 왓슨이 살았던 1881년
~1904년 베이커 가 221b 집을 빅토리아 시대 그대로 재현한 곳이다.
1990년 3월 27일 개관 이래 전 세계 사람들이 2~3시간은 거뜬히 줄
을 서서 입장을 기다린다. 이런 일이 어떻게 가능한 걸까? 거리는 우
리처럼 준비 없이 런던에 떨어진 사람들도 박물관을 쉽게 찾아갈 수
있게 되어 있었다. 거리 이름이 소설의 배경과 똑같은 베이커 스트리
트이고, 지하철 이름 또한 마찬가지였다. 지하철에서 내려 셜록 홈스
가 파이프를 물고 있는 그림이 그려진 기둥을 따라 올라가면 박물관
앞에 늘어선 긴 줄이 보였다. 아침 9시 30분에 개관하는 박물관에
10시 30분에 도착했는데 입장을 기다리는 줄이 너무 길어서 박물관
옆 기프트숍에 들어갔다.

기프트숍에는 우리 같은 사람들이 꽉 차 있었다. 221b 번지 왼
쪽 옆에는 런던 비틀스 스토리숍이 있고 오른쪽 옆은 카페였다. 줄
서서 기다리는 사람들이 이곳으로 가기도 한다. 아무리 기다는 사람
이 많아도 박물관 입장객 수를 엄격하게 통제하고 있었다. 관람객의
숫자를 늘리는 것보다 관람이 충분히 이루어지는 일을 중요하게 여
기는 듯했다. 줄을 서서 기다리는 누구도 이의를 달지 않았다. 대신
박물관 입구 빅토리아 시대 경찰관 복장을 한 직원과 사진을 찍었다.

셜록 홈스 박물관은 독자들을 소설 속 세상으로 구겨 넣지 않
고 소설에 등장하는 인물들, 집, 집기들을 세상 밖으로 꺼내서, 독자
들이 소설 속 세상을 경험하게 만든 공간이었다. 셜록 홈스 시리즈

는 알지만 책을 읽지는 않았던 둘째는 "이게 무슨 장면이지? 천장에서 갑자기 손이 튀어나왔나? 이야기가 진짜 궁금해지네."라며 방 구석구석을 열심히 돌아다녔다. 숙소로 돌아온 아이는 셜록 홈스의 뒷이야기가 궁금하다며 집에 가서 당장 그 책을 보겠다고 난리다. 여행을 마치고 돌아와서 제일 먼저 찾은 책이 셜록 홈스 시리즈인 것은 당연한 절차였다.

게다가 박물관 옆 기프트숍에서 박물관의 티켓을 판매했다. 박물관 카운터는 기프트숍의 제일 안쪽에 있었다. 박물관 티켓을 사려면 갖가지 문화상품의 전시대 앞을 지나가야 했다. 셜록 홈스와 왓슨의 모험담을 그린 추리소설의 여러 판본이 전시된 것은 기본이다. 각종 캐리커처, 수채화로 그린 삽화, 셜록 홈스 파이프, 소설의 거의 모든 장면이 그려진 엽서, 체스판의 말을 셜록 홈스와 왓슨으로 디자인한 체스 세트, 머그잔, 저금통, 카드 등 이야기가 연상되는 모든 종류의 상품을 만들어 전시했다. 어떻게 이렇게 다양한 상품을 만들 수 있나 하는 감탄이 저절로 나왔다. 박물관에 온 사람들은 누구나 이곳을 거치도록 한 아이디어가 좋았다. 하나의 이야기로 다양하고 풍부하게 일상으로 파고드는 문화적 방식이 흥미로웠다. 이야기 상품을 구경하는 것만으로도 훌륭한 관람이 되었다.

나중에 알고 보니 영국은 어디를 가도 이렇게 상품으로 만들어진 이야기를 일상적으로 만나게 되어 있었다. 작가 코난 도일Arthur Conan Doyle이 작품을 썼던 집은 '작가의 집' 컨셉으로 작가의 고향에서 보존 관리하고, 이곳 박물관에서는 주인공 셜록 홈스를 실재 인물로 구현해놓았다. 한편에서는 이렇게 셜록 홈스의 이야기를 재창조해서 생산함으로써 끝없이 이야기를 이어가고 있고, 다른 한편에서는 가공의 인물이 살던 집을 그대로 재현하고 다양한 문화상품을 생산하여 유통하고 있었다.

소설 속의 모든 장면을 입체적으로 재현하는 일은 불가능할 것이다. 또한 모든 작품을 재현할 필요도 없다. 이야기 전개에서 가장 흥미로운, 사건의 핵심 장면 몇 개로도 충분했다. 읽지 않았던 사람들은 그로 인해 책을 읽게 하고, 책을 읽었던 사람들은 다시 찾아 읽게 했다. 어디 초등학생인 둘째만 그러한가? 알고 봤더니 여행을 오기 전, 중3 큰 아이는 영국 BBC가 2010년 7월에 제작한 드라마 〈셜록Sherlock〉을 인터넷과 스마트폰으로 다운받아 보고 있었다. 국내 수많은 청소년이 셜록 홈스를 연기하는 베네딕트 컴버배치Benedict Cumberbatch의 열렬한 팬이었다.

런던의 베이커 가 221b에 있는 셜록 홈스 박물관은 한국의 10대도 이탈리아의 20대도 아랍의 10대도 다녀간다. 그곳은 기억을 공유하는 공간이었다. 셜록 홈스 시리즈가 베스트셀러인줄은 알고 있었지만 이렇게 전 세계에서 많은 사람이 셜록 홈스 시리즈를 읽는 줄은 몰랐다. 내가 어릴 적에는 이 정도로 재미있는 읽을거리가 별로 없어서 그렇다 해도, 요즈음은 추리소설 전성기인 데다가 책 말고도 재미있는 놀이가 많은데, 무엇이 셜록 홈스에 열광하게 하는 것인지 궁금하기까지 했다. 이제 인류의 재미난 이야기 셜록 홈스를 만나보자.

스카프를 두른 아랍의 여인들, 수녀님들, 중국인, 도버해협을 건너온 프랑스 사람들, 쉴 새 없이 떠들어대는 이달리아인들. 그들의 손에 셜록 홈스 박물관의 브로셔가 들려 있었다. 세계 사람들에게 셜록 홈스란 무엇인가? 그들을 런던으로 끌고 오는 힘은 무엇인가? 실제 사건도 아니고 역사도 아니고 정치 분야도 아니다. 인간은 왜 이토록 이야기에 몰입하는가, 이야기 중에서도 추리소설에 끌리는가? 사건이 왜 일어났고 어떻게 이야기가 전개되며 그것을 풀어가는 추리라는 힘은 인간에게 어떤 것일까? 추리에 빠져드는 인간의 심리를 어떻게 설명할 것인가?

코난 도일이 1930년대에 사망했으니 이야기 생산을 멈춘 지 벌써 70년이 지났다. 그러나 이야기는 이어진다. 그가 만들어 놓은 제1차 생산물을 기록하고 분류한 뒤 재해석하고 창조하는 이들이 계속 존재하기 때문이다. 기록문화의 생태계를 조성하는 사람들이다.

B&B, 옛 일상문화를 체험하다

B&B^{Bed & Breakfast}는 영국 민박으로 가정집에서 관광객을 받고 아침을 제공하는 숙박 형태다. 저렴하고 어디서나 쉽게 찾을 수 있으며 무엇보다 영국 가정생활을 체험할 수 있다는 장점이 있다. 예약하지 않았는데도 대부분을 B&B에서 묵을 수 있었던 이유는 골목 어귀마다 민박을 안내하는 사인물 덕분이었다. 민박집이 위치한 거리 이름, 전화번호, 객실 수뿐만 아니라 객실의 형태도 적혀 있었다. 사인물마

다 조금씩 내용이 더해지기는 했으나 기본 정보는 같았다. 대개 식사를 하는 공간이 따로 있었고 식사 준비는 가정집 부엌에서 했다.

운영자들은 관광객과 같이 지내기 때문에 사생활 보호가 어려운 점을 고려해서 방마다 공유 공간인지 아닌지를 표시해 두었다. 자신들이 운영하는 B&B 숙소의 역사, 운영 방법, 요금, 식사 메뉴를 적은 간단한 카탈로그뿐만 아니라 관광명소 카탈로그도 비치했는데 지역의 관광 안내처 역할을 훌륭히 하고 있었다.

영국 B&B를 통해 아카이브를 구축하려면 용어를 통일하고 일관되게 사용해야 한다는 것을 알 수 있다. 원하는 자료를 찾을 수 있게 이끄는 일은 관광객이 길을 잃지 않게 하는 것과 같다. 도로에 B&B 간판을 내걸고 방 '있음Vacancy'과 '없음No Vacancy'를 구분하여 객실 상태를 파악할 수 있게 했고 숙소 한 곳이 아니라 영국 전역의 B&B와 인포메이션 센터가 마찬가지였다. 현관 입구에는 방명록을 비치해 짐을 들고 방으로 들어가기 전에 나라 이름, 지역 이름, 방문 목적, 방문자의 이름, 하고 싶은 말 등을 기록하게 했다. 30년 이상 된 B&B 에는 그간의 방명록들이 입구 책장에 책처럼 꽂혀 있었다. 그 기록만으로도 어느 해 어느 나라에서 어느 계절에 관광객이 오는지 얼마나 머무르는지 단골은 얼마인지 파악할 수 있다. 민박집마다 특징을 달리하되 반드시 전달해야 할 사항들을 기본적으로 갖추고 있는 점이 놀라웠다.

국내에도 서울의 서촌과 북촌 한옥마을, 전주 한옥마을, 구례 전통 한옥마을, 경주 양동마을, 안동 한옥마을 등 전통가옥이 보존된 곳에서 숙박이 가능한 공간이 늘고 있다. 기록에만 묻혀 있던 과거를 생활하는 공간으로 끌어오는 사람들 덕분이다. 빙명록, 주변 관광지 안내책자가 더해지고 지역 주민센터와 연계된다면 더 좋을 것이다.

비틀스 애비로드, 기록을 모방하다

베이커 가에서 버스를 타고 숙소로 돌아가던 중에 횡단보도 앞에서 버스가 잠시 멈추었다. 그러고 보니 횡단보도를 건너는 사람들이 이상하다. 4명씩 줄을 지어 횡단보도를 건넜다. 인도 양쪽에 모인 사람들은 뭔가를 궁리하는 듯했다. 마치 4명씩 조를 편성해야 건널 수 있는 횡단보도 같았다. 자세히 보니 건너편에는 이런 광경을 촬영하는 사람도 있었다. 한 그룹이 조를 만들어 지나고 그 장면을 사진으로 담았다 싶으면 비로소 차들이 움직였다. 다음 차는 또 4명이 그렇게 지나가길 기다렸다가 운행했다. 우리가 탄 버스가 움직이려면 한참 기다려야 했다. 버스 기사에게 물었더니 "비틀스 애비로드입니다."라는 짧은 대답이 돌아왔다. 그 말에 버스에 있던 비틀스The Beatles 팬들이 냉큼 버스에서 내렸다. 신기한 광경을 바라보는 우리를 맨발인 채로 지켜보던 일본인 관광객이 다가왔다.

"우리도 횡단보도를 건너려고 연습 중인데 3명이어서 한 명이 부족합니다."

"그냥 건너시면 되죠. 꼭 4명이어야 하나요?"

"비틀스 애비로드 앨범 재킷 모르세요?"

그들은 비틀스 멤버들이 EMI 스튜디오(애비로드 스튜디오) 앞 횡단보도를 건너는 모습이 담긴 비틀스의 마지막 앨범 '애비로드 Abbey Road'의 재킷을 똑같이 흉내 내고 있었다. 그러니 3명으로는 안 되었다. 그러고 보니 일본인은 폴 매카트니Paul McCartney 복장이었다. 일행 중 한 사람이 기꺼이 링고 스타Ringo Starr가 되겠다고 자원했다. 다 큰 남자 4명이 한국어, 일본어, 프랑스어(사진 담당)로 이야기하며 걸음을 맞추었다. 폴 매카트니 역의 일본인은 당시 앨범 재킷에서 폴만 다른 멤버들과 발과 손이 엇박자로 되어 있다며 꼭 그대로여야 한다고 연습을 계속 했다.

이윽고 4명은 전쟁터에 나가는 사람들처럼 비장한 각오로 횡단보도로 나섰다. 국적을 초월한 존 레논John Lennon, 폴 매카트니, 조지 해리슨George Harrison, 링고 스타가 그렇게 횡단보도를 건넜다. 버스 기사도 택시 기사도 주민들도 익숙한 모습인지 으레 길을 양보했다. 5분 간격으로 새로운 비틀스가 만들어졌다. 여행자들은 그렇게 스스로 애비로드 앨범 재킷을 만들었다. 런던의 애비로드는 기록을 기반으로 또 다른 이야기가 만들어지는 공간이자 세대와 국경을 넘어 기억을 공유하는 장이었다. 어떻게 이런 현장이 가능해졌을까?

행위와 동시에 기록하다

모든 행위가 제2의 가치를 불러일으키는 것은 아니다. 실록이나

야사와 같은 형태로 전해지는 것들은 기록이 될 수 있지만 구두로 전히는 기록에는 한계가 있다. 전승받은 사람이 죽는 순간 기록도 사라진다. 모방 이후에 이루어지는 해석과 창조에는 태초에 기록이 있어야 한다. 그러려면 행위와 동시에 기록이 이루어져야 한다.

비틀스 앨범 재킷을 모방하는 행위에 담긴 의미를 생각했다. 좋아하는 대상이 한 일들을 모방하는 것은 그 자체로 흥미로운 일이다. 그들은 비틀스 멤버들과 상황을 공유한다. 마니아들의 앨범 재킷 제작 퍼포먼스는 여러 사람의 공동 창작이다. 비틀스 멤버들의 몸짓 훈련감독, 횡단보도 앞에 멈춰 선 버스 운전기사와 구경하는 승객들, 건너편 인도에서 기다리는 보행자와 관광객. 모두 횡단보도를 건너는 비틀스다.

기술과학의 발달로 이야기를 전달하는 방법이 다양해졌다. 이야기만 전달되는 것이 아니라 기록이 만들어진 시대 분위기, 공간, 연대감도 전승된다. 이런 까닭에 모방은 단순 반복이 아니라 각각 고유한 경험이며 기록이다. 비틀스 음악을 듣고 자란 사람들은 그들의 음악을 그대로 반복하지 않는다. 앨범 재킷을 모방하고 노래를 따라 부르며 삶과 음악을 겪는다. 그걸로 충분하다. 세계의 음악은 결코 비틀스 이전으로 돌아가지 않는다. 인간사 비슷하게 반복되는 듯 보여도 판으로 찍은 듯이 똑같지는 않다. 앞선 세대의 기록을 '읽음'으로써 다음 단계로 나아간다.

리버풀의 택시 비틀스 투어 프로그램

리버풀 숙소 곳곳에 놓인 문화유적 및 관광 안내소 카탈로그에는 비틀스 투어 프로그램 정보가 있었다. 비틀스의 노래를 중심으로 테마여행을 하는데 약 2시간이 걸렸다. 예약을 하면 택시 회사에서 출발 시각과 택시 번호를 알려준다. 비틀스가 유명해지기 전 음악 활동을 했다는 매튜 스트리트 앞에서 출발하겠다는 멘트와 함께. 내가 탄 택시의 기사는 출발하기에 앞서 비틀스가 유명해지기 전에는 어떻게 살았는지를 대강 들려주었다.

"그들은 가난하지만 음악을 좋아했고 달리 잘하는 것이 없는 젊은이들이었어요. 앞으로 뭘 하고 살아야 할지 몰랐고 자신들의 음악으로 무엇을 할 수 있는지도 몰랐지요. 이곳 클럽에서 연주하며 돈을 벌기도 하고 놀기도 하며 시간을 보냈어요."

그는 파일을 열어 당시 그들이 곡을 연주하던 모습을 보여주었다.

"그저 본인들이 좋아하는 음악을 했을 뿐인데, 세상에서 비틀스를 보러 옵니다. 어디에서 왔습니까?"

"한국에서 왔습니다."

"한국인은 처음이네요. 일본 사람인 줄 알았습니다. 동양에서는 거의 일본인이 이용하거든요. 요즘에는 중국인도 늘고 있지요. 제가 본 리버풀 관광객의 반은 일본인이에요. 일본인이 특히 비틀스를 좋아하는 줄 알았죠."

"한국에도 비틀스 팬이 많아요. 여기에도 많이 오는 거로 알고 있어요."

"그런데 왜 비틀스 투어 프로그램에는 참여하지 않는 거죠?"

"한국 가이드와 같이 움직였을 수도 있겠네요. 잘 모르겠습니다."

"비틀스의 무슨 노래를 제일 좋아합니까?"

"스트로베리 필스 포레버Strawberry Fields Forever와 페니 레인Penny Lane이요."

"알겠습니다. 그걸 염두에 두고 투어를 시작하겠습니다."

그는 내가 좋아한다고 말한 '스트로베리 필스 포레버'라는 노래를 중심으로 투어를 시작했다. CD를 넣고 음악이 흘러나오자 가사의 내용을 설명했다.

"이제 스트로베리 필드로 출발하겠습니다. 당신이 좋아하는 '스트로베리 필스 포레버'는 존 레논이 리버풀에서 뛰어놀던 어린 시절의 기억들을 회상하면서 작곡한 곡입니다. 지금 우리가 가는 스트로베리 필드는 친구들과 함께 놀던 놀이터이자 내면의 고통을 달래려고 찾은 안식처이기도 했어요. 당시에 스트로베리 필드에는 구세군이 운영하는 고아원이 있었습니다. 부모가 이혼하여 이모네 집에 살던 존은 스트로베리 필드에서 친구들과 뛰어놀다가도 자신은 왜 엄마와 같이 살지 않는지 궁금했습니다. 슬프기도 하고 화도 났지만 스트로베리 필드 고아원의 아이들을 보며 생각을 고쳐먹었다고 하죠. 4살 때부터 키워준 이모가 어떤 존재인지 새삼 일깨워 주는 장소이기도 했습니다."

스트로베리 필드에 도착했지만 그냥 넓은 들판이었다. 존 레논의 가사만큼 환상적이지는 않았다.

"노래 가사 같지는 않지요? 존 레논에게 특별한 의미였던 거죠. 찬란하고 몽환적인 추억의 장소로말입니다. 평생 이곳을 특별하게 생각했다고 합니다."

기사의 이야기가 아니었다면 존 레논에게 이곳이 왜 특별한 장소였는지 알 수 없었을 것이다. 그는 폴 매카트니의 노래인 '페니 레인'에 맞춰 길을 갈 때도 그러했다. 음악을 들려주고 그 음악이 어떻게 만들어졌으며 폴 매카트니에게 어떤 의미인지를 설명해 주었다. 이야기를 들려줄 때마다 파일을 펼쳐 관련된 사진도 함께 보여주었다. 택시 회사의 아카이브가 어떻게 이렇게 잘 구축되어 있는지 몹시 궁금했다.

"모든 기사가 당신처럼 투어를 진행하나요?"

"그렇습니다. 투어를 하려면 일정 교육을 받아야 하고 그 내용을 중심으로 진행합니다."

"언제부터 이 일을 시작하셨나요?"

"나는 비틀스의 열혈 팬이었어요. 이 일을 하고 싶어서 직장도 그만두고 교육을 받은 후 시험을 치르고 일하고 있습니다."

"그렇다면 이 파일은 직접 만드셨나요?"

"아니요. 회사에서 만들었습니다."

"그렇군요. 모두 똑같이 해야 합니까?"

"네. 살을 붙이는 내용은 저마다 다를 수 있지만 사실이 아닌 것을 이야기하면 안 되잖아요. 저는 비틀스가 신문에 인터뷰한 내용이나 앨범에 적은 내용 등을 모아 두었다가 덧붙이기도 합니다. 저와 노래 취향이 같은 관광객을 만나면 훨씬 더 이야기가 재미있어지죠. 대개 일본 사람들이 오는데 저보다 비틀스에 대해 더 많이 알고 있어요."

"굉장하네요. 택시 회사에서 이 모든 내용을 준비하고 프로그램을 운영하려면 기초 자료가 있어야 할 텐데요. 회사에서 직접 생산하기는 어렵지 않나요? 회사의 규모가 큰가요?"

"우리 회사는 작아요. 회사에서 투어 프로그램을 제공하는데 기본적인 내용은 리버풀 사람이라면 다 알고 있어요. '비틀스 스토리'가 있으니까요."

"비틀스 스토리가 뭐예요?"

"앨버트 독에 있는데 비틀스 박물관이라 할 수 있죠. 비틀스에 관한 것이라면 모두 살 수 있는 곳이에요."

"어떻게 가나요?"

"처음 택시를 탄 매튜 스트리트에서 항구 쪽으로 조금만 가면 돼요. 리버풀 도심은 작아서 걸어서 어디든 갈 수 있어요. 아직 가보지 않았다고 하니 두 가지 조심해야 할 것을 일러드릴게요. 한국 사람을 처음 태운 기념으로."

"감사합니다. 대체 그게 뭔가요?"

"그곳에 가면 시간을 잊게 됩니다. 그런 후에는 돈도 잊게 될 것입니다."

그의 말은 사실이었다. '비틀스 스토리'는 리버풀 시내 중심가에서 항구를 향해 걸어서 30여 분 정도 거리인 부둣가에 있었다. 우린 그 안에서 시간과 돈을 모두 잊었다. 비틀스에 대한 모든 것이 있었다. 초기에 공연했던 캐번 클럽, 애비로드 스튜디오, 미국 첫 공연에서 탔던 비행기를 재현해 놓았는가 하면 그들이 사용했던 안경, 무대 의상, 악보, 머그잔, 피아노, 끄적거린 스케치 등 그야말로 모든 것이 있었다. 관련 기념품의 다양함은 더 말할 것도 없었다.

리버풀이라는 도시 전체가 비틀스 아카이브라고 할 수 있다. 어떻게 이러한 기록관리 시스템을 구축했을까? 비틀스 스토리를 포함한 앨버트 독은 세계문화유산으로 등록되어 있다. 리버풀은 비틀스를 매개로 자신들의 기억과 기록을 세계인과 공유한다. 앞서 말했듯이 공유는 단순한 복사가 아니다. 그렇다면 기록을 어떻게 서술해야 할까? 그리고 기록들을 다른 문화유산들과 어떻게 연계할 수 있을까? 기록의 관리와 보존에 대한 생각이 도시 설계와 운영에 닿아 있음을 리버풀에서 알게 되었다.

리버풀, 기록을 기반으로 재탄생한 도시

리버풀은 1830년대에 맨체스터까지 철로가 개통되면서 번성했다. 맨체스터에서 생산한 철강제품을 기차로 리버풀 항구로 운반, 세계로 수출했다. 당시 리버풀은 18, 19세기 대서양으로 향한 세계 무역의 중심지였다. 대항해시대 신대륙에 사는 사람들은 리버풀을 거처 유럽 대륙으로, 북유럽 사람들은 신대륙으로 이주했다. 그러나 배후지의 산업 변화와 미국 및 서아프리카 무역이 감소하자 점점 쇠퇴했다.

퇴락하던 리버풀이 세계적인 도시로 거듭날 수 있었던 것은 지역 고유의 문화유산을 잘 활용했기 때문이다. 리버풀 도심에는 18세기에 건설한 시청사를 비롯하여 산업혁명 당시의 각종 증기 엔진, 기계, 기관차, 교통설비 등을 전시하는 박물관이 있다. 19세기 공공 건축물, 20세기 영국 성공회 및 로마 가톨릭교 성당 등 2~300년 전 옛 건물들이 세련된 현대식 건축물과 함께 있다. 게다가 리버풀 대학을 비롯한 우수한 사립 미술관과 박물관이 많고, 교향악단이 유명해 문화 도시로 거듭났다. 그러나 세상 사람들을 리버풀로 오게 하는 가장 직접적인 요인은 비틀스다.

전설적인 록밴드 비틀스가 리버풀 출신이라 그들의 음악과 활약을 추억하기 위해 수많은 관광객이 몰려드는 것이다. 20세기 리버풀에 관광객과 쇼핑객을 불러모으려고 앨버트 부두와 왜핑 부두를 정비했는데, 역시 항구를 활성화시킨 주역은 비틀스였다. 부두에 있는 비틀스 스토리 전시장The Beatles Story은 리버풀의 핵심이다. 이곳에서 관광객들이 구매하는 상품의 종류는 상상을 뛰어넘는다. 애비로드 역시 비틀스 스토리 내에 그대로 재현되어 있다.

비틀스를 좋아해서 이곳에 온 관광객들은 자연스럽게 도시 전체의 문화유적을 보게 되고 리버풀을 다시 찾는다. 즉 리버풀은 역사와 연계되게 도시 전체를 설계하여 운영하고 있었다. 이는 2013년

4월 23일부터 5월 19일까지 열린 리버풀 문학 페스티벌의 제목 '다시 말하자면In Other Words'에 잘 드러난다. 리버풀 시장 조 앤더슨Joe Anderson은 페스티벌을 열면서 이렇게 말했다.

"리버풀은 쓰이거나 언급되거나 노래 불리는 등 말과 관련하여 유명한 도시다."

그 결과 2005년 통계에 따르면 인구 45만 명인 리버풀 도시에 비틀스 스토리 전시장을 방문한 관광객 수가 60만 명이었다. 관광 수익은 2,000파운드(약 392억 원)에 달한다. 리버풀은 기록을 기반으로 도시가 어떻게 재탄생하는가를 보여주는 현장이다. 영국은 창조 문화산업으로 한 해 180억 달러를 수출하고 230만 명에게 일자리를 제공한다. 그 기반에 기록이 있었다.

4. 기록문화 정착을 위한 시도

이야기 들려주기

영국에서 민간 기록이 정부의 정책과 잘 결합하여 과거가 미래를 보장하는 기록의 관리와 보존 현장, 기록문화의 생태계를 만나봤다. 이제 1차 기록물을 어떻게 가공해야 사람들의 흥미를 유발하고 후대에 전승되는지 살펴본다. 픽션, 논픽션, 상품, 지역과 공간이 한데 어우러져 일관성과 체계성 속에 피어나는 창의의 세상, 기록문화 생태계를 만들어가는 방법으로 인간의 본성인 '호기심'과 '이야기가 들려주기'를 아카이브와 결합할 것을 제안한다.

네스 호 전시관, 거대한 스토리텔링의 공간

네스 호 전시관은 영국에서 스코틀랜드 에든버러로 갔다가 다시 8시간을 달려야 갈 수 있는 인버네스의 아주 작은 마을에 있었다. 스코틀랜드는 낮은 구릉지로 이뤄진 로랜드Lowland와 북쪽으로 넓게 자리하는 험준한 산악지대 하이랜드Highland로 이루어져 있는데, 하이랜드는 휴양이나 캠핑 장소로 인기가 많아 곳곳에 산악자전거, 트래킹하는 사람들, 캠핑카들이 있었다. 황야나 산맥, 습지와 호수가 반복되는 길을 지나 바다로 이어질 듯한 크고 긴 강이 보이는 마을 입구에 네스 호 전시관The Loch Ness Exhibition Centre이 있었다. 입구에 들어서자 티켓팅을 담당하는 안내원이 이렇게 말했다.

"저희는 세계 각국에서 오는 관광객들에게 8개 국어로 프레젠테이션하고 있습니다. 어느 언어로 들으시겠습니까?"

"한국에서 왔어요. 한국어도 준비되어 있나요?"

"이런! 프랑스어, 독일어, 이탈리아어, 체코어, 폴란드어, 스웨덴어, 일본어, 중국어까지 있는데, 한국어는 준비되어 있지 않습니다. 죄송합니다. 중국어나 일본어 중 어느 것이 편하십니까?"

"아닙니다. 중국어나 일본어보다는 영어로 해 주세요."

"중국이나 일본과 가까운데 두 나라 언어보다 영어가 더 편하신가요?"

"전시관 안에서 들을 내용이 많은가요?"

"모형 배 체험과 호수 지형, 탐사 내용 등에 대한 설명이 약 1시간 정도 걸립니다."

"방법이 없으니 영어로 해 주세요. 알아들을 수 있는 만큼만 듣는 수밖에요."

"혹시 나중에 한국어판을 준비해서 보내드려도 되겠습니까?"

"그렇게 하면 정말 좋죠. 꼭 보내주세요!"

이 먼 곳의 전시관에서 프레젠테이션을 8개 국어로 제공한다니 관광객이 얼마나 많이 찾아오는지 짐작이 갔다. 그들은 한국이 지리적으로 일본과 중국에 가깝다는 것을 알고 있었다. 이웃 나라인 중국어와 일본어가 아닌 영어를 택한 우리를 신기하게 생각했다.

· 1단계, 네시의 흔적을 과학적으로 검증하다 ·

전시실 내부는 무척 어두웠다. 방마다 주제별로 다르게 꾸몄는데 1958년 케임브리지 대학의 과학자 조사단과 2003년 7월 BBC 수중탐험 전문가들이 '네시'를 찾고자 탐색한 과정을 그대로 재현했다. 전시는 '사람들은 대체 무엇을 보고 기이한 생물이라 생각했을까?'라는 가설로 시작한다. 바닷물이 출렁일 때, 나무토막이 둥둥 떠 있는 모습이 그림자로 비칠 때, 물뱀이 지나갈 때, 파도가 칠 때 등 다양한 실험을 통해 '네시'로 착각했을 법한 여러 가지 경우의 수를 보여주었다.

배에 올라서 과학자들과 함께 네스 호의 바닥까지 내려가는 체험실도 있었다. 우리가 서 있는 지점은 강 밑바닥이었고 천장까지가 바다였다. 천장 위 오른쪽에는 네스 호를 찾은 관광객이 망원경으로 호수를 내려다보는 장면을 연출하여 정말 강바닥에 있는 듯 느껴졌다. 뿐만 아니라 벽에 설치된 빔 프로젝트에는 네스 호에 사는 생물들을 상영해서 그들과 같은 상황에 있는 듯한 착각을 불러일으켰다.

과학자들이 네시를 찾고자 강바닥에 설치한 그물 모형도 있었다. 동굴이 없는 구조에 수심이 230m밖에 되지 않는 네스 호의 지질학적 특징을 반영하여 만들어졌다. 오래전 바다였다가 호수가 된 과정에서 바다 생물체가 갇혔을 수도 있겠지만 호수 내 먹이 생태계를 고려하면 네시와 같은 거대 생물체가 살기에는 적합하지 않았다. 실제 네시를 봤다는 사람들의 증언에 따라 괴생명체의 무게를 추정하여 그 정도 무게의 생명체가 살려면 먹이가 어느 정도 필요한지 알아본 결과 네스 호에는 그것을 감당할 만한 양의 먹이가 없다는 연구결과를 보여주는 전시물도 있었다. 더불어 어떤 생물체라도 호수에 설치해 놓은 그물에 걸릴 수밖에 없음을 여러 가지 방법으로 증명한 자료들도 있었다. 온갖 상상을 자극하던 흥미진진한 전시물들은 하나같이 네시가 없음을 말하고 있었다. 네스 호의 네시는 정말 허구인가?

· 2단계, 스토리텔링으로 네시를 만들다 ·

앞에 있었던 어두운 방들이 과학자들과 함께 네스 호를 탐험하는 과학 실험장이었다면 이어진 방들은 네스 호에 관한 역사문화 탐방실이었다. 전시관은 관광객들에게 '과학적으로 낱낱이 살폈으나 네시는 없습니다'라고 말하면서도 '네시는 역사적으로 문화적으로 이렇게 존재해왔고 앞으로도 영원히 존재할 것입니다'라고 말했다.

마음을 다시 흔들어 놓았다.

먼저 네시를 본 사람들의 목격담을 영상으로 보여준다. 구술로 전하는 목격담은 앞에서 본 과학적 탐사를 잊게 했다. 맞은편에는 6세기경부터 이어진 증언의 역사를 각종 그림과 함께 전시했다. 괴생물체와 관련된 상상동물 그림, 발견한 사람들의 주변 이야기, 발견 당시 마을 배경, 시대적 상황을 수집했는데 추락한 비행기를 보고 착각했을 수도 있다며 당시 그곳에 추락한 비행기 조종사의 이야기와 사진까지 있었다. 네시를 봤다는 제보가 실린 신문기사를 연도별로 스크랩해서 넘겨보기 좋게 전시한 전시대와 네시에 관련된 증언을 영국 역사와 결합하여 만든 연대표도 있었다. 네시를 목격한 시기를 예수의 탄생, 헨리 8세Henry Ⅷ 등장, 셰익스피어Shakespeare가 인버네스 성을 배경으로 한 『맥베스Macbeth』를 창작한 시기 등과 비교해서 볼 수 있는 연표였다. 연표를 보면 네시를 발견한 사람들이 살았던 시기가 구체적으로 와 닿는다. 덩달아 우리가 지금 어디에 서 있는지도 보인다.

공간을 이동하자 네시가 살아났다. 네시를 둘러싼 사람들의 재미난 에피소드와 고대로부터 전해 내려온 신비한 생명체에 대한 그림들과 역사 연표까지 모두 둘러보고 나자 앞으로도 이 신비한 생명체에 대한 이야기가 계속 회자될 거라는 확신이 들었다.

전시관의 출구는 기프트숍으로 연결되어 있었다. 네시를 테마로 한 각양각색의 인형, 엽서, 티셔츠는 물론이고 인버네스 지역 특산물인 꿀과 각종 야생과일로 만든 잼, 양을 테마로 한 찻잔 받침대, 인버네스성을 테마로 한 체스판 등을 판매했다.

런던에 있는 셜록 홈스 박물관이 그랬듯 재미있는 전시 다음에는 반드시 그 재미를 떠올릴 상품이 전시된 기프트숍이 있었다. 네스 호 전시관과 연결된 기프트숍은 기록물이 일반 사람들에게 어필하려면 어떻게 해야 하는지 잘 보여주었다. 사람들의 시선을 잡아끌 정도로 강렬하면서도 즉각적이며 예술적이어야 한다. 그곳에는 네시를 재생산하고 재창조하는, 마음을 끄는 멋진 상품들이 인버네스 지역 안내서와 함께 있었다. 마치 하나의 세트처럼 완벽한 시스템이었다. 기프트숍 이름 밑에는 '관광 안내'라고 적혀 있었는데 이와 같은 동선은 영국 전역에 일관된 흐름이었다. 한국에 돌아와서도 기프트숍에서 구매한 상품은 영국을 생각나게 했다. 픽션, 논픽션, 상품, 지역이 한데 어우러져 일관성과 체계성 속에 피어나는 창의의 세상을 보았다.

기프트숍에서 안내한 B&B에 갔더니 주인이 대뜸 물었다.

"네시 봤어요?"

마치 마당에 키우는 개를 봤느냐고 묻는 분위기였다. 나는 잠깐 한눈을 파는 바람에 네시를 못 본 것처럼 대답했다.

"아뇨, 못 봤어요."

"저런! 어쩌다가! 혹시 술 마셨어요?"

"뭐라고요?"

"술을 마셨어야지! 술 마시면서 저녁 늦게까지 호수에 앉아 있으면 네시가 틀림없이 나타나는데… 쯧쯧쯧!"

태초에 이야기가 있었다. 이야기는 구전으로 전해지다가 문자를 만났고 사진을 만났으며 과학을 만났다. 목격담을 통해 재해석되고 전시관과 기프트숍을 통해 생활화되었다. 그리고 이렇게 일상적인 네시 농담으로 마무리된다. 스코틀랜드 중에서도 북동쪽으로 한참을 가는 인버네스의 시골 마을, 특별한 일 없는 어느 날 저녁을 먹고 호수 주변 경관을 구경하며 술을 마시는데 네시가 나타난다면 얼마나 재미있을까? 누군들 강에 떠다니는 통나무나 물뱀을 네시로 착각했겠지 라는 의심을 하지 않겠는가! 그럼에도 이 먼 시골까지 네시를 찾는 관광객이 끊이지 않는 까닭은 흥미롭게 구축된 아카이브 덕분이었다. 전설을 기록하고 전시하여 상품으로 만들었더니 현재가 풍요롭다. 그 바탕에 스토리텔링이 있었다.

인간은 왜 이야기를 좋아하는가?

네스 호가 바다로 연결되었던 때는 네시가 실재했는지도 모른다. 학계에서는 지금으로부터 3억7천5백만 년 전에 처음 지구상에 출현한 물고기 실러캔스Coelacanth가 7천5백만 년 전에 멸종했다고 말해왔다. 그런데 1938년 남아프리카공화국 이스트런던 찰룸나 해안에서 일하던 핸드릭 구슨 선장은 자신이 잡은 상어 무리 가운데 푸른 지느러미를 가진 이상한 물고기를 발견했다. 곧장 친구인 이스트런던 박물관 큐레이터 레티머에게 연락했고 레티머는 주변에 시큰둥한 반응에도 물고기를 박제해 보관한 후 그림을 그려 로드대학교 화학과 스미스 교수에게 보냈다. 멸종되었다던 실러캔스는 '라티메리아 찰룸나Latimeria Chalumnae'라는 학명으로 세상에 등장했다. 이 발견으로 유명해진 스미스는 실러캔스 발견자에게 상금을 걸었고 지금까지 191마리가 발견되었다.

그런데 인도네시아 사람들에게 실러캔스는 예전부터 '바다의 왕', '유령 물고기'라 부르던 친숙한 물고기였다. 대왕오징어도 마찬가지다. 기원전 4세기경 아리스토텔레스Aristoteles는 대왕오징어가 뱃사람을 공포에 떨게 한다는 내용을 남겼으나 사람들은 이 기록을 믿지 않았다. 흔적이 발견되지 않았기 때문이다. 그런데 1850년대 실제 대왕오징어가 어부에게 잡히면서 상상이 현실이 되었다.

과학이 발달하면서 자연에 대해 많은 것을 알게 되었다고는 하지만 여전히 인간이 모르는 세계가 더 많다. 인간은 여전히 증거나 흔적이 발견되어야 그 존재를 인정한다. 어린이들을 비롯한 몇몇 사람들이 네시, 인어, 백두산 천지 괴물, 요정, 유니콘 등 괴·신비동물에 열광하는 것은 호기심 때문이다.

인간이 모르는 세계는 아직도 무궁무진하다. 스미스 교수는 화학 전공자였지만 실러캔스가 이 세상 어딘가에 있을 것이라는 생각을 놓지 않고 살았다. 알지 못하는 세상을 탐구하려는 태도는 인간의 본성이다. 그렇다면 미지의 생명체에 대한 호기심은 인간의 삶에 어떤 영향을 미칠까? 사라진 생명체, 발견되지 않은 생명에 관한 이야기는 인류에게 무엇을 말하려는 것일까? 이는 오늘날 생물 다양성을 확보하고 지구 생태계를 보전하는 일과 밀접한 관련이 있다.

이야기에는 인류 생존의 ABC가 들어 있다

일본 추리작가 하야미네 가오루はやみねかおる의 『가짜 탐정의 사건 노트 4: 마녀가 사라진 마을名探偵夢水清志郎事件ノート: 魔女の隠れ里』은 눈이 많이 오는 마을에서 일어난 살인 사건을 다루고 있다. 그 마을에는 아주 오래전부터 전해 내려오는 무시무시한 이야기가 있었다.

폭설이 내린 다음 날 어린아이들은 절대 대나무밭에 가지 마라!
아이를 잡아먹는 요괴가 나타난다!

그러나 마을이 재개발되는 과정에서 사건이 터졌다. 도시에서 온 젊은 부부의 아이가 대나무밭에 발자국만 남기고 사라졌다. 모두 유괴 혹은 살인이라고 말했지만 탐정의 생각은 달랐다. 그는 사람들에게 폭설이 내린 다음 날 아침 기온이 전날에 비해 따뜻해서 생긴 일이지 사람이 한 짓은 아니라고 말했다. 하지만 사람들은 그의 말에 귀를 기울이지 않았고 그는 자기 생각을 증명하기 위해 사람들과 함께 대나무밭에 갔다. 그의 추리를 정리하면 이렇다.

눈이 많이 내리면 눈의 무게로 대나무가 휘어져 가지들이 바닥에 닿는다. 추운 날씨에 그 상태로 꽁꽁 어는데 다음 날 햇볕이 따뜻하게 비추면 바닥에 얼어붙었던 가지들이 녹으면서 탄성이 생겨 다시 똑바로 서게 된다. 이때 몸무게가 얼마 되지 않는 어린아이가 가지를 밟으면 순간 가지가 튀어 올라 아이를 건너편 계곡으로 튕겨낸다.

예로부터 폭설이 많이 내리는 지방에 대나무밭이 있었고 그 옆에는 계곡이 있었다. 폭설 다음 날 어린아이를 잃는 사고가 빈번하자 아이를 잃지 않기 위해 누군가가 이야기를 만들었을 것이다. 눈 내린 다음 날 대나무밭에서 아이를 잡아먹는 요괴는 이렇게 탄생했다. 생존을 위해 가장 전파력 있고 오래도록 전승되는 구전동화, 스토리텔링을 선택한 것이다. 그런데 마을이 재개발되고 이야기를 전해 줄 사람들이 사라져 갔다. 비극이 발생한 까닭이다. 이 사건은 전설이나 민담의 역할이 무엇인지 잘 보여준다.

이렇듯 구전된 이야기를 귀담아들은 사람들은 생존에 유리했다. 그리고 그 경험은 인류의 DNA에 축적되었다. 네스 호에 괴물이 등장한다는 괴담은 세상에 널리 퍼져 현지인들의 먹고사는 일을 해결해 준다. 네스 호에 사는 신비한 생명체에 대한 이야기는 영국에서도 오지에 속하는 이 먼 곳까지 관광객들을 불러오기에 충분한 이야기였다. 처음에는 일상을 다이내믹하게 해 주던 전설이 마을을 유지하는 큰 힘이 된 것이다.

네스 호 전시관은 이야기를 좋아하는 인간의 본성을 잘 파악한 아카이브 사례다. 아무 기록이나 수집하고 분류하고 전시해서는 사람들을 모을 수 없다. 인간의 본성을 건드리지 않는 기록물은 기록자 혹은 아키비스트의 의지가 있어도 전승되기 어렵다. 아카이브에 있어 가장 중요한 지점이 바로 인간에 대한 이해다. 또한 『괴짜 탐정의 사건 노트 4』와 네스 호 전시관처럼 시대적 흐름에 따라 인간의 삶이 어떻게 이루어지는가를 살펴야 한다. 지금 사회가 어느 시대이며 어디로 가고 있는가에 따라 아카이브는 달라져야 한다.

아름다운 예술작품으로 영원한 기억을 꿈꾼다

신도시 개발은 옛것의 소멸을 뜻한다. 예로부터 전해오는 기록들을 신도시에 전승해야 한다. 이것이 원활하게 이어지지 않으면 『괴짜 탐정의 사건 노트』 4편에서처럼 사람이 죽을 수도 있다. 네스 호 전시관 또한 마찬가지다. 오늘날처럼 과학적 실증을 중요시하는 시대에 과학적 탐사 체험실 없이 스토리 전시실만 있었다면 어땠을까? 스토리 전시실 없이 과학 체험실만 있었다면? 전시관과 연결된 기프트숍은 기록물이 일반 사람들에게 어필하려면 무엇이 필요한지를 보여주었다. 강렬하면서도 즉각적이며 예술적으로. 인간에게 예술이 어떤 의미이며 그 기원이 무엇인지 다양한 시각에서 근원을 파헤쳐야 한다. 그중에서도 예술적 접근은 인간의 마음을 움직여 시선을 사로잡는다.

1879년 아빠를 따라 에스파냐 산티야나 델 마르에 놀러 온 십대 소녀 마리아는 동굴 안 벽화에 영혼이 사로잡혔다. 석회암 동굴에서 발견한 동물 벽화는 완벽하게 채색된 상태로 기원전 3만~2만 5000년 사이에 그려진 그림으로 밝혀졌다. 이것이 바로 알타미라 동굴 벽화다. 마리아의 발견은 인간의 역사를 다시 쓰게 만들었다. 벽화는 구석기시대 사람들의 뛰어난 예술적 재능을 보여주는 작품이자 인간이 예술 행위를 하는 이유에 대한 강력한 열쇠를 주었다.

형태가 분명한 동물의 생김새는 굉장히 세심하여 실제로 살아 움직이는 동물을 보는 것보다 더 강렬한 느낌을 준다. 완벽한 채색, 섬세한 동작 묘사는 보는 이의 걸음을 절로 멈추게 한다. 3만 년 전 동굴에 벽화를 남긴 이유에 대해 정확하게 아는 사람은 없지만 그림은 기록으로 남았다. 그 기록은 시선을 끌 만한 예술작품이었기에 발견될 수 있었다. 인간은 구석기시대부터 이미 기록물이 오랜 세월을 견디고 전승되려면 시선을 끌어야 함을 알고 있었다.

예술은 인간이 기록에 얼마나 천착하고 있는지 여실히 드러내는 장치다. 사람들은 단순히 기록하는 행위만으로는 전승되지 않음을 잘 알고 있다. 예로부터 수많은 기록 중에서 채택되고 보존되어 대대로 이어지려면 창조적 예술작품이어야 했다. 그것이 오늘날에는 아름다운 체스판, 찻잔 받침대, 머그잔의 그림들, 스코틀랜드의 체크무늬 등으로 이어진다. 이런 이유로 기프트숍은 또 다른 아카이브 현장이다. 기록이 예술이 되고 상품으로 만들어져 선물이 된다. 선물은 기억의 전달 장치 역할을 한다. 네스 호 전시관과 네시를 모르던 사람은 선물을 통해 이곳을 알게 된다.

기프트숍을 가득 채운 다채로운 상품 중 단연 눈에 띄었던 '양'에 대해 알아보자. 스코틀랜드는 겨울이 6개월이다. 봄도 더디게 오고 잠시 여름이었다가 다시 겨울이다. 채소가 자라기 어려운 환경이다. 들판에 양을 기르는 일이 가장 오랫동안 시행착오를 통해 선택한 농사였다. 사람들은 아침마다 눈 뜨고 일어나서 자기 전까지 보는 양을 소재로 여러 가지 이야기를 만들었다. 이를 토대로 다양한 상품들을 만들었는데 모두 반전 코드가 있다. 강렬한 인상을 남겨 사고 싶은 마음이 들게 해야 한다. 소비자의 심리 패턴을 읽고 상품을 개발해야 한다. 여행객을 사로잡는 비결에는 인간의 웃음을 유발하는 반전 코드가 있다.

기록문화는 할머니의 이야기에서 시작한다

쓰기와 읽기는 한 통 속에 들어 있는 실타래다. 소통이라는 목적으로 누군가는 이야기를 전하고 누군가는 이야기를 듣는다. 어느 쪽에서 실을 풀든 쓰기와 읽기는 서로 이어져 있다. 이때 실을 감아두는 실패 역할을 하는 것이 '듣기'다. 기록이 전승되고 세대 간 원활한 소통이 이루어지려면 이야기를 들으면서 자라는 문화가 정착되어야 한다. 이야기의 범위가 책에 국한될 필요는 없다.

아버지의 이야기든 어머니의 이야기든 들려주는 이야기에 익숙한 아이들은 읽기와 쓰기 안으로 쉽게 들어온다. 미취학 아동뿐만 아니라 글을 충분히 잘 읽는 나이여도 상관없다. 이야기는 많이 들려줄수록 좋다. 이야기를 듣는 동안 사람들은 머릿속에 수많은 장면을 창조한다. 이러한 현상은 어릴 때일수록 더욱 강하게 나타난다. '듣는 이야기'는 머리와 가슴에 수많은 장면을 담는 방을 만들고, 이야기를 들을수록 방의 숫자는 늘어난다. 어른이 되면 이 방마다 다양한 세상이 들어가는데 방을 많이 만들어두어야 각각의 방에 다양한 장면을 넣고 연계성을 꾀하여 창의적으로 생각할 수 있다. 그 수가 적으면 담을 수 있는 세상에 한계가 생긴다. 방이 많은 사람들은 방 안에 담긴 내용을 다양하게 결합할 무수한 자료를 가진 셈이다. 단일한 방에 암기라는 방식으로 저장된 지식과는 차원이 다르다.

이야기 듣기는 연상하는 힘을 길러준다. 같은 이야기를 들어도 머릿속에 다른 장면이 만들어진다. 이야기를 많이 들으면 읽기가 쉬워지는 까닭이다. 문자가 발명되기 전 인간은 오로지 듣기를 통해 자신의 이야기를 전달했다. 그러다가 문자와 인쇄술이 발달하고 책을 통한 읽기가 전승되었다. 충분히 들은 사람들은 문자로 쓰인 다른 사람의 이야기를 잘 읽을 수 있었다. 많이 듣고 잘 읽는 일은 쉽게 쓰기와 관련이 있다. 풍부한 삶의 장면을 담고 있으면 할 이야기가 많을 수밖에 없다. 이야기가 맘 속에 가득 차면 저절로 넘쳐 쓰는 행위로 옮겨진다.

또한 기록으로 남을 기본 자료가 풍부해져서 누에고치에서 실을 뽑듯이 다양한 스토리를 쉽게 뽑아낼 수 있다. 살아가는 모습이 획일적이고 천편일률적이라면 굳이 쓰기를 할 필요가 없다. 모든 할머니의 삶이 소설로 옮겨지지 않는 이유다. 같은 아파트에 살고 같은 학교에 다니고 같은 책을 보며 같은 이야기를 좋아하는 사람들의 자료를 굳이 기록으로 남길 이유는 없다. 기록은 저마다 다른 사람의 삶이 담겼을 때 가치를 가진다. 우리는 이야기를 들으며 풍부한 어휘, 서사구조, 다양한 등장인물, 입체적인 사건 등을 접하고 그 경험은 읽기로 이어진다. 이러한 읽기는 쓰는 행위로 이어져 과거와 미래를 잇는 기록물이 탄생하는 것이다.

5. 다음 세대로 물려줄 기록

가장 미래적인 기록 전승 방법

스토리텔링 아카이브

아카이브는 멀게는 앞세대가 다음 세대에 물려줄 기록이며 가깝게는 부모가 자식에게 물려줄 기록이다. 즉 사회적으로는 역사 기록을 후세에 남기는 일이고 개인적으로는 자식에게 전하는 부모의 이야기다. 아카이브가 일상 문화로 정착되지 않으면 의미가 그리 크지 않을 것이다. 내 삶에 영향을 미치지 않는다면 기록을 왜 하겠는가? 영국 B&B에 묵었을 때 영어를 모르는 둘째가 욕실 샤워기 앞에 적힌 사용설명서를 어떻게 읽고 썼을까 걱정하면서 생각했다.

'아이에게 민박집 샤워기 사용법을 가르쳐 줄까? 식사예절을 가르쳐야 할까? 묵고 있는 숙소의 역사를 이야기해 줘야 할까?'

아들에게 들려주고 싶은 이야기, 가르쳐 주고 싶은 분야는 끝이 없다. 하지만 내가 다 해 줄 수 있을까? 시간이 없다면? 내가 들려주는 이야기로는 한계가 있을 것이다. 나는 내가 아는 이야기만 들려줄 수 있다. 이야기는 곧 바닥을 드러낼 것이다. 그렇다면 나는 어떻게 해야 할까? 아버지로부터 들은 이야기를 떠올렸다. 개인의 경험이 사회문화적으로 만나는 지점을 포착했다.

다양한 영역에서 개인의 성격과 특성에 맞는 기록을 만들고 그것들을 종합적이고 유기적으로 결합해야 한다. 그러한 흐름이 한 시대를 큰 물줄기로 엮어 개개인의 의식에 영향을 미치면 더 좋을 것이다. 마지막으로 가장 고대적이며 가장 근본적이며 가장 미래적인 기록 전승 방법인 스토리텔링에 관해 이야기해 보자.

다음 세대에 삶의 원리와 정수만 전달할 수 있다면 구체적이고 수많은 삶의 방법을 가르칠 필요가 없다. 삶의 가장 근원적인 원리가 무엇인지 찾아야 한다. '이것을 하는 이유는 뭘까? 대체 이건 뭘까? 나는 누구일까?'와 같은 질문을 끊임없이 던지고 그 질문에 대한 답을 찾는 과정, 그것이 바로 인생이다. 결국 아버지는 나에게 질문하기를 가르친 셈이다. 그리고 그 질문에는 호기심이 있었고, 호기심을 끝까지 밀고 나가게 하는 원동력인 스토리가 있었다. 어렸을 적 아버지는 저녁마다 이야기를 들려주셨는데 그 내용이 아직도 기억난다.

아들만 셋인 집안에 예쁜 딸이 태어났다. 부부는 막내딸을 귀히 여기고 사랑했다. 삼 형제 또한 유일한 여동생이라 애정이 각별했다. 그러나 막내딸이 장성하자 집에 기르던 가축이 밤마다 죽었다. 산짐 승이 하는 짓이라 생각하고 삼 형제는 번갈아 망을 보기로 했다. 큰 형은 망을 본 다음 날 말없이 집을 나갔다. 둘째 역시 망을 본 다음 아버지와 크게 다툰 후 집을 나갔다. 막내는 둘째 형이 집을 나가면 서 "동생을 조심해라! 집안이 망하지 않도록 준비해라!"라는 말을 듣고 5년 동안 산사에 가서 무술을 연마한다. 어느 정도 실력을 갖추 었다고 생각하고 귀향하려는데 스승이 꾸러미 3개를 주며 정말 위험 할 때 쓰라고 했다. 집에 돌아갔더니 부모님은 돌아가시고 가축들은 흔적조차 남지 않았다. 폐가 같은 집에 누이만이 셋째를 반갑게 맞 이한다. 그런데 식사를 차려 준다던 누이가 부엌에서 칼을 갈았다. 누이는 꼬리가 9개 달린 여우였다. 이제 막내마저 잡아먹으려 했다. 간신히 집에서 도망친 막내는 쫓아오는 누이에게 스승이 준 꾸러미 를 차례로 던졌다.

이 대목부터 아버지의 이야기가 조금씩 달라졌다. 꾸러미에서 어떤 날은 바다가 나오고 어떤 날은 불이 나오고 어떤 날은 큰 나무 가 나오고 어떤 날은 사람을 태울 수 있는 새가 나왔다. 나는 밤마다 막내가 언제 꾸러미를 던질지, 이번에는 꾸러미 속에서 무엇이 나올 지, 어떻게 위험에서 벗어날지 궁금해 견딜 수 없었다. 대체 스승은 꾸러미에 어떤 요술을 부린 걸까? 단박에 누이를 무찌르려면 어떤

게 들어 있어야 할까? 생각이 꼬리에 꼬리를 물고 이어졌다.

아버지가 들려준 이야기는 TV보다 재미있었다. 이야기는 언제나 '무사히 여우 누이를 무찌른 셋째는 폐가였던 집을 예전의 모습으로 되살렸다. 그 소식을 들은 형들도 집으로 돌아와 셋은 행복하게 잘 살았다'로 끝이 났다. 난 셋째가 아슬아슬하게 위기를 극복하고 집으로 돌아갈 즈음에 긴장이 풀리면서 잠이 들곤 했다.

아버지는 이 외에도 본인이 어렸을 때 접한 일본 교과서에 있던 '시냇물에 떠내려오는 누런 똥을 된장인 줄 알고 맛나게 끓여 먹은 노부부 이야기'나 동네 어른들에게서 들은 '어사 박문수가 갓 속에 똥을 넣어두고서는 부패한 관리에게 황금앵무새를 잡았다고 골탕먹인 이야기'를 기억을 더듬어 해 주셨다. 아버지의 이야기는 아무리 들어도 질리지 않았다.

호기심과 경외감

영화 〈아일랜드The Island〉는 인간의 호기심을 다루었다. 영화에서 인간은 복제 인간(클론)을 창조한다. 이완 맥그리거Ewan McGregor와 스칼렛 요한슨Scarlett Johansson이 복제 인간으로 등장한다. 우리 몸의 면역체계는 타인에게서 이식한 장기를 적으로 간주하고 공격하여 괴사시킨다. 그래서 부모·자식 간에 장기를 이식받아도 평생 면역억제제를 먹어야 한다. 그래서 장기를 이식받으면 다른 질병과 싸울 면역체계가 전반적으로 힘을 발휘하지 못한 채 남은 생을 살아야 한다.

이 문제를 해결하고자 미래 어느 사회에서는 장기이식이 필요할 것 같은 부자들을 대상으로 맞춤 복제 인간을 주문받아 생산하기 시작했다. 그들은 복제 인간이 자신의 정체를 알아서는 안 되기에 건물의 지하 세계에 가두어 키운다. 또한 복제할 때부터 생각과 판단을 하지 못하도록 관련된 모든 부분을 제거했다. 맞춤 장기이식 대상자와 같은 몇 가지 기억만 주입했다. 그렇게 '현재 지구는 핵폭발로 오염되었으며 자신들은 살아남은 유일한 사람들'이란 거짓된 기억만을 가진 복제 인간들은 새롭게 건설 중인 파라다이스 아일랜드로 가려고 대기 중이었다. 그러나 운 좋게 아일랜드 이주권에 당첨된 것이라는 말은 복제 인간을 주문한 사람이 질병이나 사망으로 장기가 필요할 때 그들을 수술대에 눕히려는 술수였을 뿐이다. 그러던 어느 날 복제 인간 링컨 에코-6은 외부 구멍으로 들어온 나방을 발견한다. 오염된 외부 세계에서 어떻게 건강한 나방이 들어왔는지 이해가 되지 않았다. 영화의 핵심이 드러나는 부분이다. 뇌에서 어떤 부분을 제거해도 인간을 '인간'이게끔 하는 '호기심'이 생겨나는 것을 막을 수는 없었다. 그 후 복제 인간을 만드는 사람들은 이런 불상사를 없애려 신중에 신중을 더하지만 소용이 없다. 다른 복제 인간이 이번에는 링컨 에코-6의 행동에 의문을 품은 것이다. 아무리 제거해도 인간에게서 '호기심'을 없앨 수 없었다.

인류가 이룩한 문명의 근본에는 '호기심'과 인간에 대한 '경외감'이 있었다. 살다 보면 인류의 한 부분임을 잊을 때가 많다. 오늘이 거대한 역사의 부분임을 자각할 때 느끼는 경외감을 매일 느낄 수는 없을 것이다. 하지만 의식을 하든 하지 않든 우리는 인류라는 거대한 물줄기 속에 존재한다. 최초로 공룡 화석을 발견한 메리 에닝은 아버지에게 '부분에서 전체로 나아가는 그림 그리기'를 전승받았기에 자신이 인류라는 전체에서 공룡 화석을 발견하는 개체임을 알았다. 그래서 성과를 알리거나 그로 인해 유명해지고자 하는 사소함에 연연하지 않았다. 세속적인 성공이나 이름 알리기 정도에 연연하며 살기에는 인생이 너무 소중하다는 것을 깨달은 것이다. 화석은 인간에게 수억만 년 전에 살았던 생명체를 보여준다. 그 긴 역사에서 인간이 살아내는 시기는 한순간이다. 메리 에닝은 명예나 부에 휘둘리지 않고 세상에 대한 호기심과 경외감을 지닌 '인류'의 일원으로 짧은 삶을 채웠다.

이야기꾼들이 만들어가는 생활 아카이브

여기까지 오고 보니 나도 이제 자식에게 무엇을 물려줄 것인지 생각해야 했다. 부지불식간에 전승되는 것도 있을 것이다. 내 의지와 달리 전승되는 부분은 내가 걱정한다고 될 일이 아니다. 그렇다면 나의 몫은 무엇일까? 어떤 내용이어야 할까?

나 역시 호기심을 물려주고 싶다. 아버지로부터 물려받은, 아버지의 아버지가 물려주신, 경이로운 세상에 대한 호기심. 호기심이 있으면 알고 싶은 게 많아지고, 그러면 평생 배우면서 살 수 있다. 평생 배우며 사는 사람이라면 어떤 일을 하더라도 잘 살지 않을까? 세상이 온통 배울 것 투성이면 매일 즐거울 것이다. 그래서 그 출발점인 호기심이 생기고, 그것이 평생 가게 해 주고 싶다.

아카이브를 완성했다고 해서 모두가 그 기록물을 열람하는 것은 아니다. 아카이브는 일관된 형식, 약속된 언어와 기호를 갖추어야 하지만 무엇보다도 호기심을 유발할 수 있어야 한다. 사람들이 기록을 봤을 때 다음 이야기가 궁금하게 해야만 기록을 남기고 보존하는 목적이 달성된다. 아카이브를 경험하는 것이 내 삶과 연계된 즐거운 체험이어야 한다. 내 자식도 그렇고 이용자들도 그렇고 수많은 기록 리더에게도 마찬가지다.

기록이 목소리를 가지되 그 소리에는 언제, 어디서, 누가, 무엇을, 어떻게 그리고 왜 했는가에 대한 이야기가 있어야 한다. 내러티브Narrative가 있어야 한다. 스토리텔링이 가진 힘이 기록물의 현재를 보장해 줄 것이다. 자료들이 쏟아내는 수많은 목소리 중에서 반드시 전승해야 할 것을 찾는 일은 쉽지 않다. "무엇을 보존할 것인가?"라는 질문에 답하기도 어렵다. 그래서 기록에 대한 재해석과 재창조의 여지를 열어두어야 한다. 울리히 같은 사람이 '밸러드의 일기'를 발견하고 『산파일기』처럼 새롭게 창조해서 세상에 그것이 드러날 때까지 기록을 보관해야 한다. 누가 '울리히'인지 알 수 없으므로 더 많은 사람이 기록에 접근할 수 있게 해야 한다.

인간은 사는 내내 재미있는 이야기를 만들어 다음 세대에게 전달하는 이야기꾼이다. 기록물을 처음 접하는 사람이 다음 사람에게 재해석과 재창조의 기회를 기꺼이 열어두는 아카이브는 이런 이야기 꾼들이 만들어간다. 그리고 그들이 남긴 기록을 근간으로 인간의 무한한 상상이 이어진다. 이것이 우리에게 아카이브가 필요한 이유다.

출처: 포항시청 홈페이지 '사진으로 보는 포

보통 사람들의 생활 아카이브 구축 도전기

책을 출간하기까지 이 한 장의 사진을 두고 세 사람이 나에게 다른 눈을 선물했다. 1978년도 포항시 형산강변의 자전거 전용도로 개통 축하기념 사진. 이 안에 나의 아버지가 있다. 1978년 포항시를 우회해서 포스코와 철강공단을 이어주는 자전거 전용도로가 개통되었다. 아버지는 매일 자전거에 도시락을 매달고 이름이 적힌 작업복을 입은 채 저 길을 달리셨다.

나의 아버지는 일제강점기에 태어나 아버지와 형을 일찍 잃었으며 조선총독부가 실시한 토지조사사업의 결과로 농지를 잃었다. 십대에는 한국전쟁을 치렀고 결혼과 동시에 도시에 나와 경부고속도로 건설현장(1968년 2월 1일 착공)과 각종 지방 국도에서 일용직 노동자로 생계를 꾸려나갔다. 1968년 포스코(당시에는 포항종합제철이라 불렀다)가 포항에 세워지던 해 첫 아이를 낳고 철강도시 포항의 항만노동자가 되었다. 둘째를 낳던 해 새마을운동이 시작되었고, 일용노동자였다가 항만노동자로 다시 철강노동자로 숨 가쁘게 사시다 제7차 국가경제발전계획이 끝나던 해에 생을 마감했다. 도로를 건설하고 부두에서 철강을 나르며 국가경제발전의 토대(?)를 마련하느라 영혼이 피폐해진 사람은 사라졌으나 포항은 여전히 개발 중이며 새마을운동은 아프리카나 동남아의 나라로 수출되고 철강기업 포스코는 여전하다.

저 사진 속에는 개발과 발전과 속도가 있을 뿐 사람은 없었다.

도서관에서 근무할 때 기록물을 어떻게 분류하고 보관하며 폐기할지에 대해 고민하다 아키비스트 이영남 선생님을 만났다. 그는 국가기록원 학예연구관으로 일했고 참여정부 때 청와대 기록관리비서관실에서 기록행정관으로 일했다. 2007년~2008년에는 노무현 대통령 기록 이관 작업에도 참여했다. 지금은 한신대 한국사학과 초빙교수로 있으면서 기록과 한국 현대사를 가르치는데 기록전공 대학원생들이 도서관의 자료를 대상으로 실습수업을 할 때 나도 함께 참관하여 아카이브 기초업무를 배울 수 있었다. 아카이브의 전문 영역은 엄중하기도 하고 복잡하여 쉬이 접근하기 어려웠다. 이때 그는 국가기록물 관리의 엄격함과 엄중함을 덜어내고 민간단체에서 활용할 수 있도록 최소한의 기본적인 용어와 방법으로 아카이브를 할 수 있게 길을 터 주었다. 그는 기록물 속에 사람을 보라 했다. 이때 처음 국가기록물에서 사라진 민간의 삶을 찾기 시작했다. 아버지의 삶이 아카이브 안으로 들어온 계기였다.

민간의 자료를 아카이브한다고 하자 여러 시민단체와 도서관에서 관심을 보였다. 10년 이상 된 대안학교, 환경단체, 공사립도서관 등에도 저마다 기록물들이 쌓였고 이를 아카이브해야 할 필요가 생겼기 때문이다. 또한 지나온 과거의 기록물을 통해 정체성을 확인하고 앞으로의 방향을 정해야 할 시점이었다. 그 이후, 기록하는 이유와 그 의미를 문학과 역사적 사건으로 접근하는 강의를 하게 되면서 글을 쓰기 시작했다. 그러나 여전히 아버지가 이야기를 들려주던 어린 시절만 보았다.

단체나 기관이 아카이브를 하는 의미와 그 방법론에 관한 강의를 모아 이야기나무 출판사에 보내자 이야기나무 김상아 대표와 박선정 편집자는 '보통 사람들의 생활 아카이브'로 글의 내용을 전환하면 좋겠다고 했다. 기관이나 단체 조직보다 개인의 목소리가 더 많이 쏟아져 나와야 한다고 했다. 기록하는 사람, 기록을 열람하는 사람 모두가 그것을 두고 이야기할 수 있는 광장을 만들어야 한다 했다. 또한 읽는 시점에 따라 또 다른 이야기를 자유롭게 만들 수 있어야 한다고 했다. 무엇보다 책을 읽은 이들이 '나도 아카이브를 해야겠어.'라는 마음이 일도록 해야 한다 했다.

아버지의 사진이되 아버지가 없는 사진을 그제야 다시 보았다.

어린 자식에게 화석과 별을 보여주며 너의 이야기를 만들어야 한다고 말씀하셨던 아버지는 항운노동조합원으로 포스코에서 삼 교대로 근무하면서 다른 삶을 살기 시작했다. 밤하늘의 별을 올려다볼 시간을 잃었다. 자전거가 오토바이와 자동차로 변했고 돈을 모아 집을 사고 자식들을 좋은 대학에 보내려고 경쟁시켰다. 모든 말과 행동이 돈을 향했다. 자신이 어떻게 변했는지 왜 변했는지 어떤 삶을 살고 싶어 했는지 기억하지 못했다. 자식에게 이야기를 들려주던 시절을 잊고 출세와 투자와 성공을 주문했다. 그의 영혼의 속도는 삶의속도를 따라가지 못한 채 끝이 났다. 돌아보지 않은 채 전속력으로달리면 방향을 모른 채 계속 달린다. 가리키는 방향대로 달리게 된다. 그러다 하멜른의 '피리 부는 사나이'의 피리 소리를 따라 계곡으로 떨어진다. 기록하지 않으면 삶은 다시 전복될 것이다.

글을 고쳐 쓰는 동안 포항에는 달팽이라는 이름의 작은 서점이생겼다. 독립출판물과 인문학책을 판매하는 동네 책방인데 〈달팽이트리뷴〉이라는 소식지를 발간한다. 지역 사람들과 역사를 공부하며지역의 이야기를 생산하고 기록하고자 한다 했다. 속도를 늦추어야사람이 보인다.

기록은 삶을 느리게 하고 인간다운 삶의 가치를 들여다보게 한다. 삶의 속도가 영혼의 속도에 맞출 시간을 선물한다. 기록하는 까닭을 묻고 기록하는 사람들의 다양한 풍경을 살피는 변변찮은 이야기를 책으로 출간할 수 있도록 해 주신 이들에게 고마운 마음을 전하지 않을 수 없다.

다른 이들도 이 글을 읽고 기억이 사라지기 전에 기록을 시작하면 좋겠다. 에필로그에 실린 내 아버지의 사진이되 나의 아버지가 존재하지 않는 한 장의 사진을 들여다보듯이 보통 사람들의 생활 기록물 안에서 사회 공공적 가치가 있는 기록물을 고르거나 가치를 부여하거나 재해석해서 광장으로 가져나와 이야기를 들려주길 희망한다. 상처를 드러낼 때 반드시 그 손을 잡는 이가 있고 그 이야기를 소설로 영화로 예술작품으로 형상화하거나 디지털 기기로 문제를 해결하려는 이가 출현한다. 상처가 기록이 되고 기록이 역사가 되고 그 역사가 인간을 자유롭게 하도록 이제, 아카이브를 시작할 시간이다.

참고문헌

『위대한 박물학자The Great Naturalists』, 로버트 헉슬리Robert Huxley 지음, 곽명단 옮김, 21세기 북스, 2009

『엄청나게 시끄럽고 믿을 수 없게 가까운Extremely Loud & incredibly Close』, 조너선 사프란 포어Jonathan Safran Foer 지음, 송은주 옮김, 민음사, 2006

『416세월호 민변의 기록』, 민주사회를 위한 변호사모임 지음, 생각의길, 2014

『장영희의 영미시 산책』, 장영희 지음, 김점선 그림, 비채, 2006

『대구: 세계의 역사와 지도를 바꾼 물고기의 일대기Cod: a Biography of the Fish that Changed the World』, 마크 쿨란스키Mark Kurlansky 지음, 박중서 옮김, 알에이치코리아RHK, 2014

『영국 화가 엘리자베스 키스의 코리아 1920~1940Old Korea』, 엘리자베스 키스Elizabeth Keith, 엘스펫 K. 로버트슨 스콧Elspet K. Robertson Scott 지음, 송영달 옮김, 책과함께, 2006

『호박 목걸이: 딜쿠샤 안주인 메리 테일러의 서울살이, 1917~1948Chain of Amber』, 메리 린리 테일러Mary Linley Taylor 지음, 송영달 옮김, 책과함께, 2014

『홀로 벼슬하며 그대를 생각하노라: 미암일기 1567-1577』, 정창권 지음, 사계절, 2003

『미야지마 히로시의 양반兩班』, 미야지마 히로시宮嶋博史 지음, 노영구 옮김, 너머북스, 2014

『산파일기: 27년간 기록된 한 산파의 일기에서 탄생한 미시사의 걸작A Midwife's Tale: the Life of Martha Ballard Based on Her Diary』, 로렐 대처 울리히Laurel Thatcher Ulrich 지음, 윤길순 옮김, 동녘, 2008

『상처를 꽃으로』, 유안진 지음, 문예중앙, 2003

『앵무새 죽이기To Kill a Mockingbird』 하퍼 리Harper Lee 지음, 김욱동 옮김, 열린책들, 2015

『앵무새 죽이기를 이해하기: 주제, 소재, 역사적 기록에 관한 학생용 사례집Understanding To Kill a Mockingbird: A Student Casebook to Issues, Sources, and Historic Documents』, 클라우디 존슨Johnson, Claudia, 그린우드 출판사Greenwood Press, 1994

〈세계화와 상호공존의 시민정신: 하퍼 리의 앵무새 죽이기〉, 이정희 지음, 현대영미소설, 제11권 1호, 2004

『척하는 삶A Gesture Life』, 이창래 지음, 정영목 옮김, 알에이치코리아RHK, 2014

『강운구 마을 삼부작: 황골 용대리 수분리』, 강운구 지음, 열화당, 2001

『강물이 흘러가도록Letting Swift River Go』, 제인 욜런Jane Yolen 지음, 바버러 쿠니Barbara Cooney 그림, 이상희 옮김, 시공주니어, 2004

『신과 함께 - 이승편』, 주호민 지음, 애니북스, 2011

『기억을 찾아서: 마음의 신과학 등장In Search of Memory: the Emergence of a New Science of Mind』, 에릭 캔들Eric Kandel 지음, 전대호 옮김, 알에이치코리아RHK, 2009

『19세 여고생 01 봄과 여름 사이』, 성벼리 지음, 독립출판, 2014

『19세 여고생 02 빛나는 이유』, 성벼리 지음, 독립출판, 2014

『오빠 일기』, 안미지 지음, 독립출판, 2014

『나의 할아버지는 제주: 유년의 제주, 그리고 할아버지에 대한 마지막 기억집』, 신미경, 이창규 지음, 책보퉁이, 2012

『천당허고 지옥이 그만큼 칭하가 날라나?: 15소녀 표류기 1』, 최현숙 지음, 이매진, 2013

『나는 참 늦복 터졌다: 아들과 어머니, 그리고 며느리가 함께 쓴 사람 사는 이야기』, 이은영 지음, 김용택 편집, 박덕성 구술, 푸른숲, 2014

『주민생애사를 통해 본 20세기 서울 현대사: 서울 주민 네 사람의 살아온 이야기』, 송도영 외 지음, 서울시립대학교 부설 서울학연구소, 2000

『작가란 무엇인가 1Paris Review Interview Anthology: Volume 1』, <파리 리뷰The Paris Review> 지음, 권승혁, 김진아 옮김, 2014

『홍구범 전집』, 홍구범 지음, 권희돈 편집, 현대문학, 2009

<스트리트H> '홍대 앞을 기록하는 사람들' 중 '홍대의 과거와 현재를 기록하다-서교예술실험센터 공동운영단 양윤희', 73호, 2014

『대천마을, 사진을 꺼내들다』, 맨발동무도서관 편자, 해피북미디어, 2013

『누구나 홀로 죽는다Jeder Stirbt Für Sich Allein』, 한스 팔라다Hans Fallada 지음, 이수연 옮김, 씨네21북스, 2013

『칼의 노래』, 김훈 지음, 문학동네, 2012

『빼앗긴 내일: 1차 세계대전에서 이라크 전쟁까지 아이들의 전쟁 일기Stolen Voices: Young People's War Diaries, from World War I to Iraq』, 즐라타 필리포빅Zlata Filipovic 지음, 멜라니 첼린저

Melanie Challenger 엮음, 정미영 옮김, 한겨레아이들, 2008

『그대, 우리의 아픔을 아는가: 노근리 정은용 실화 소설』, 정은용, 다리미디어, 2000

『일곱 계절의 정원으로 남은 사람: 정원 왕국의 칼 대제, 푀르스터를 만나다Ein Garten der Erinnerung Leben und Wirken von Karl Foerster』, 칼 푀르스터Karl Foerster 지음, 고정희 옮김, 나무도시, 2013

『조선 동물기: 조선 선비들 눈에 비친 동물, 그리고 그 속에 담긴 세상』, 김홍식 엮음, 정종우 해설, 서해문집, 2014

『식민지 조선의 영화소설』, 전우형 지음, 소명출판, 2014

『디지털 혁명의 미래: 디지털 기억 혁명은 우리의 미래를 어떻게 바꿀 것인가Total Recall : how the E-memory Revolution will Change Everything』, 고든 벨Gordon Bell, 짐 겜멜Jim Gemmell 지음, 홍성준 옮김, 청림출판, 2010

『심장을 쫄깃하게 만드는 고전 명작 속 한 문장』, 열린책들 페이스북 독자 지음, 열린책들, 2013

『인 마이 백: 148인의 가방 속 이야기In My Bag』, 148인의 가방 주인 지음, 루비박스, 2014

『자연의 노래를 들어라: 지구와 생물 그리고 인간의 소리풍경에 대하여The Great Animal Orchestra』, 버니 크라우스Bernie Krause 지음, 장호연 옮김, 에이도스, 2013

『괴짜 탐정의 사건 노트 4: 마녀가 사라진 마을名探偵夢水清志郎事件ノート: 魔女の隠れ里』, 하야미네 카오루はやみねかおる 지음, 정진희 그림, 오유리 옮김, 비룡소, 2009

'AS WE MAY THINK', VANNEVAR BUSH 지음, <THE ATLANTIC MONTHLY>, 1945

'언젠가 이 편지를 꺼내볼 그날을 위해', 윤혜지 기자, <씨네21>, 2014

'기록한다, 사라져가는 것들… 붕괴된 공동체 복원 심혈', 민경화 기자, <경기신문>, 2015. 3.24

'문학은 사람의 담을 크게 한다', 최재봉 기자, <한겨레 신문>, 2015.6.14

참고 블로그

서준호 선생님의 '마음 흔들기' : http://blog.daum.net/teacher-junho